상담기법 영역 5

개인심리학 상담 원리와 적용

노안영 · 강만철 · 오익수 · 김광운 · 정민 공저

상담학 Best Practice 시리즈

학지사

발간사

"상담학은 상담에 관한 이론 연구뿐만 아니라 그 실천에 대한 연구 또한 중요하다."라는 명제에 대해 대부분의 상담학도들이 동의하리라 생각된다. 현재 우리나라에는 이미 수백 명의 상담학 전문가가 활동하고 있으며 수천 명의 학생들이 전문가가 되기 위한 수련을 하고 있다. 우리 상담전문가들은 청소년, 교육, 복지, 기업, 군대, 법원, 진로개발 등 여러 분야에서 전문적 활동을 하면서 국가와 사회에 공헌하고 있다. 상담의 실제는 이미 다양한 분야와 영역에 걸쳐 발전하고 있는 것이다.

'상담학 Best Practice 시리즈'는 실제 상담현장에서 수고하는 많은 상담전문가들의 실천 경험을 기반으로 하여 기존의 상담학 교재들의 이론 중심 내용에서 벗어나, 보다 실제적이고 상담현장에서 쉽게 적용해 볼 수 있는 사례 중심의 실천적 상담교재라 할 수 있다. 상담학 Best Practice 시리즈는 상담기법 영역, 상담문제 영역, 상담 프로그램 영역, 상담자 전문성개발 영역 등 총 4개 영역으로 구성되었다. 이론보다는 실제 사례를 통해 이론과 기법들이 사례에 어떻게 적용되는지 그 과정과 절차를 자세히 기술하여 상담자들의 실천적 지식을 높이고자 하였으므로, 상담학에 입문한 전공자나 학교 현장의 전문상담교사 그리고 전국의 청소년상담센터 상담전문가들에게 실제적인 도움이 될 수 있을 것이다.

이 시리즈는 한국 상담학계에서 활발히 활동하고 있는 상담학 교수 및 박사들로 구성된 각 영역의 전문가들이 힘을 모아서 집필한 결실이다. 이 시리즈가 출간될 수 있도록 애써 주신 집필진 모두에게 편집위원회를 대표하여 진심으로 고마움을 전한다. 아울러 상담학 Best Practice 시리즈가 출간될 수 있도록 아낌없이 지원해 주신 학지사 김진환 사장님과 최임배 상무님을 비롯한 관계자 여러분께도 감사드린다.

2007년

상담학 Best Practice 시리즈 편집위원회 위원장

김계현

머리말

우리 모두는 나름대로 어떤 측면에서 열등감을 가지고 있다. 그리고 우리가 가진 열등감을 보상하기 위해 각자 최선의 노력을 하며 삶을 영위하고 있다. 아들러(Alfred Adler, 1870~1937)는 "인간이 된다는 것은 자신이 열등하게 느끼는 것을 의미한다."고 주장하였다. 아들러는 인간성에 대한 이해를 바탕으로 우리 사회가 나아가야 할 비전에 대한 선견지명을 가졌던 심리학자였다. 이런 점에서 아들러가 개발한 개인심리학은 흔히 한 세기를 앞서간 심리학 이론으로 평가되고 있다. 또한 그는 서양의 공자(Confucius)로 불릴 정도인데, 바람직한 인간 행동을 평가하는 그의 주요한 지침은 공자가 강조한 인(仁)에 해당하는 '사회적 관심'에 근거한다. 즉, 아들러는 인간이 사회적 존재로서 자신의 이익보다 타인을 공감하고 배려하는 마음인 사회적 관심을 개인이 어느 정도 가지는가를 바탕으로 개인의 심리적 건강 여부를 평가하였다. 아들러는 사회 속에서 우리 각자가 독특한 존재로서 자신의 열등감을 극복하면서 자신이 가진 잠재력을 발휘하여 자기완성을 이루기 위해 안간힘을 쓰고 있다고 보았다. 이러한 아들러의 관점에서 볼 때, 부모, 교육자 그리고 상담자의 역할은 자녀, 학생, 내담자가 각각 독특한 존재로서 자신의 열등감을 극복하고 자기실현을 할 수 있도록 조력하는 막중한 책무를 수행하고 있다.

저자들은 『개인심리학 상담 원리와 적용』을 통해 자신은 물론 타인에게 영향을 주어 우리 사회가 지금보다 훨씬 바람직한 방향으로 변화될 수 있다는 강한 믿음과 함께 다음과 같은 바람이 있다. 우선, 개인이 자신의 열등감을 극복하고 자기완성을 이룰 수 있는 격려하는 사회가 되었으면 하는 바람이다. 비교와 경쟁보다는 개인의 독특성과 협동을 강조하는 사회가 되었으면 하는 소망이다. 개인이 있는 그대로 수용되고 창조적 자기로서 자신을 개발하도록 격려하는 사회적 분위기가 만연하였으면 하는 바람이다. 개인이 수행한 결과에 근거한 칭찬이나 강화보다는 있는 그대로 개인의 가치와 그가 보여 준 노력이 격려되는 사회적 풍토가 조성되었으면 하는 바람이다. 개인이 '완전하게 하지 못하면 어떻게 될까?'에서 비롯된 불안이나 두려움보다는 '불완전할 용기'가 장려되어 자신의 잠재력을 발현할 수 있도록 우리 사회에 격려의 바람이 불었으면 한다.

이 책은 모두 네 개의 장으로 구성되어 있다. 제1장은 '개인심리학 상담의 기본 개념'으로 개인심리학의 발달 배경과 현황, 인간관, 주요 개념 그리고 문제행동에 대한 이해를 살펴보았다. 제2장은 '개인심리학 상담과정과 기법'으로 개인심리학 상담에서 일반적으로 적용되는 상담과정과 다양한 상담기법에 대해 알아보았다. 제3장은 '개인심리학 상담의 핵심 도구'로 세 가지 핵심 도구인 생활양식, 격려 그리고 논리적 결과에 대해 살펴보았다. 마지막으로, 제4장은 '개인심리학 상담의 적용'으로 현실 상황에서 실제 적용되는 격려치료, 진로상담, 집단상담, 훈육, 부모교육, 놀이치료, 가족상담, 학급관리 등 여덟 가지 영역에 대해 살펴보았다. 그리고 각 장의 마지막에는 '개인심리학 상담 연습'을 두어 개인심리학의 주요 개념에 근거해서 자기 자신에 대한 평가를 해 보도록 하였다.

아들러의 개인심리학 상담이론은 열등감과 보상, 사회적 관심, 우월성 추구, 생활양식, 가족구도 및 출생 순위 등을 주요한 개념으로 하고 있으며, 인간 각자가 갖는 목적 추구에 기여하도록 용기를 강조한다. 아들러의 개인심리학은 현대의 다양한 주요 상담이론에 직간접적으로 영향을 미쳤다. 이런 이유로 개인심리학 상담이론은 최근 활발하게 연구 · 적용된다. 특히 개인심리학 상담이론은 국내뿐만 아니라 세계적으로 가장 광범위하게 적용되고 있는 부모역할훈련인 '효과적 부모역할을 위한 체계적 훈련'과 '현대의 적극적 부모역할훈련'의 이론적 토대가 되고 있다. 이 책을 읽는 상담자나 일반 독자에게도 아들러가 강조한 내용이 각 개인의 독특한 목적 추구 및 공동체적 삶의 의미를 발견하는 데 기여하리라고 믿는다. 아무튼 이 책이 상담을 공부하는 상담자들에게 활용되고, 일반인에게는 자신의 열등한 측면을 인식하고 그것을 삶의 원동력으로 삼아 살아가는 데 조금이라도 기여하기를 바라는 것이 저자들의 소망이다.

아들러학파는 "모든 행동에는 목적이 있다."는 점을 강조하면서 행동 이면에 있는 구체적 목적이 무엇인지를 탐색하게 한다. 그리고 조력의 방법으로서 무엇보다도 격려를 강조한다. 격려는 용기를 북돋는 것을 의미한다. 많은 경우에 내담자들은 자신이 추구하는 것을 이루지 못하고 좌절하여 낙담한 상태에 있다. 아들러학파는 격려를 통해 내담자에게 자신이 처한 어려운 상황을 헤쳐 나갈 수 있도록 용기를 불어넣는 것을 무엇보다 중요하게 여긴다. 드레이커스가 "식물이 물을 필요로 하듯이 우리에게는 격려가 필요하다."고 언급한 것처럼, 격려하는 분위기가 우리나라의 가정, 학교, 사회에 가득 찼으면 한다.

이 책이 출판되기까지 격려해 준 저자들의 가족과 전남대학교, 목포대학교, 광주교육대학교, 광주보건대학에서 상담을 공부하는 학부 및 대학원 학생들에게 고마움을 느낀다. 이 책을 서둘러 완성하도록 채찍질해 준 학지사 정승철 부장과 편집 책임을 맡아 수고해 준 이지혜 차장에게 감사의 마음을 전달한다. 그리고 마음을 전달하는 좋은 책을 발간하기 위해 애쓰는 학지사 김진환 사장님과 편집부 여러분에게 깊은 감사의 뜻을 전한다.

2011년 5월

저자 일동

차 례

1 개인심리학 상담의 기본 개념

To be a human being means oneself to feel inferior.
－Alfred Adler

개인은 나누어질 수 없는 전체로서 사회 내에서 자신이 설정한 목표를 달성하기 위해 끊임없이 노력한다. 아들러(Adler, 1870~1937)는 인간에 대한 이러한 기본적 전제를 가지고 개인심리학(individual psychology)을 개발하였다. 그는 인간을 목적론적 존재로서 보았으며, 인간으로서 누구나 느끼는 열등감을 극복하여 자기완성을 이룰 것을 강조하였다. 아들러의 생애는 열등감을 극복하기 위한 삶 그 자체였다. 허약한 몸, 동생의 죽음, 급성폐렴으로 느낀 죽음에 대한 직접적 경험 등으로 불행한 어린 시절을 보냈던 아들러는 성장하면서 자신의 열등한 측면을 극복하기 위해 최선을 다하였다. 그가 개발한 개인심리학은 자신의 이러한 초기 경험을 바탕으로 형성되었다.

아들러는 프로이트와 9년간(1902~1911년)의 밀월 기간을 가졌다. 그러나 아들러는 프로이트와 결별하고 자신의 신념과 철학적 입장에 따라 개인심리학을 창립하였다. 아들러는 정신 질환자들보다 일반 대중에 대한 관심이 많았으며, 무의식보다 현실의 주관적 지각을 더 중요하게 강조하였다. 특히 인간은 일생 동안 사회 속에서 사회적 관심을 얻기 위한 노력을 끊임없이 계속한다는 점을 강조하였다.

인간은 가장 나약하고 열등한 존재로 태어나 누군가의 돌봄을 필요로 한다. 개인은 사회적 존재로 사람과의 관계 속에서 성장하면서 자신의 열등감을 극복하고 자기완성을 성취하기 위해 노력하는 존재다. 아들러는 모든 인간이 당면한 근본적 과제를 열등감 극복과 우월성 추구라고 보았다. 그는 "인간이 된다는 것은 자신이 열등하다고 느끼는 것을 의미한다."고 지적하면서 우리 각자가 가진 열등감을 삶의 추진력으로 여겼다. 이러한 아들러 입장에 따르면, 건강한 사람은 자신의 열등한 측면을 끊임없이 극복하기 위해 노력하는 사람이다. 반면에 건강하지 않는 사람은 자신의 열등감을 극복하지 못하고 열등감 콤플렉스나 우월감 콤플렉스에 사로잡혀 있는 사람이다. 개인에게 삶 자체는 끊임없는 도전이며 응전이다. 우리는 크고 작은 도전 속에서 신체적 · 정신적으로 건강한 삶을 유지하기 위해 자신을 정확히 직시하여 부족한 면을 극복할 수 있어야 한다. 보다 쉽게 말하면, 건강한 사람은 자신이 가진 장점을 개발하고 자신의 단점을 보완하면서 자기완성을 위해 노력하는 사람이다.

개인심리학의 주요한 여섯 가지 원리는 다음과 같다(Adler, 1964; Feist & Feist, 2006, pp. 69-79).

첫째, 개인의 행동 이면에서 작동하는 역동적 힘은 성공 혹은 우월성 추구다.

둘째, 자신과 환경에 대한 개인의 주관적 관점이 그의 행동과 성격을 결정한다.

셋째, 성격은 통합적이며 일관적이다.

넷째, 모든 인간 활동의 가치는 사회적 관심의 관점에서 이해되어야 한다.

다섯째, 일관된 성격 구조는 개인의 생활양식으로 발달된다.

여섯째, 생활양식은 개인의 창조적 힘에 의해 형성된다.

아들러는 부적응적인 사람은 일반적으로 다음과 같은 세 가지 측면에서 결여되어 있음을 지적하였다.

첫째, 상식의 결여다. 상식은 보통 사람으로서 가져야 할 일반적인 지식을 의미한다. 상식이 지나치게 결여된 사람의 행동 표현은 비정상적이라고 할 수 있다. 아들러는 기본적으로 사람을 범주화하여 진단하는 것을 반대하였다. 이런 점에서 상식이 결여된 사람은 자신의 '사적 논리(private logic)'가 '공적 논리(public logic)'와 지나치게 괴리되어 있다고 할 수 있다. 요약하면, 부적응적인 사람은 상식이 결여된 사람으로 부정적인 사적 논리에 따라 삶을 영위하는 사람이다.

둘째, 용기의 결여다. 아들러학파가 상담을 통해 내담자에게 심어 주어야 하는 것으로 가장 중요하게 강조하는 것은 용기다. 내담자가 용기를 갖도록 하기 위해 상담자가 사용하는 기법은 격려기법 혹은 격려치료다. 드레이커스(Dreikurs, R.)가 "식물에게 물과 태양이 필요하듯 인간에게 격려가 필요하다."고 지적한 것처럼, 용기가 결여된 사람은 부적응으로 고통스러운 삶을 영위할 것이다.

셋째, 사회적 관심의 결여다. 아들러는 사회적 관심을 "상대방의 눈으로 보고, 상대방의 귀로 들어 보고, 상대방의 마음으로 느끼는 것이다(To see with the eyes of another, to hear with the ears of another, and to feel with the heart of another.)."라고 하였다. 아들러는 인간이 사회적 존재임을 강조하면서 사회적 관심의 높고 낮음에 따라 개인의 심리적 건강 여부를 판단하였다. 즉, 그는 사회적 관심이 낮은 사람을 부적응적인 사람으로 여겼다.

이 장에서는 개인심리학의 발달 배경과 현황, 인간관, 주요 개념 그리고 문제행동에 대한 이해에 대해 살펴보고자 한다.

1. 발달 배경과 현황

여기서는 개인심리학의 발달 배경과 현황을 아들러의 전기적 배경, 개인심리학에 영향을 준 이론들, 개인심리학이 현대

상담이론에 미친 영향 그리고 개인심리학 상담의 대중화를 바탕으로 알아보고자 한다.

1) 아들러의 전기적 배경

아들러는 개인심리학의 핵심 개념인 열등감 극복과 우월성 추구를 위한 삶을 영위하였다. 어린 시절 구루병 등 신체적 쇠약에서 비롯된 열등감을 극복하여 신체적 건강을 유지하면서 열정적인 삶을 살았다. 동생의 죽음을 목격한 경험이나 그가 폐렴에 걸려 겪었던 죽음에 대한 경험은 그가 훌륭한 의사가 되게 하는 데 공헌하였다. 중등학교 시절에는 형편없이 낮은 수학 성적 때문에 구두제조자가 될 뻔했던 적도 있었다. 아들러는 열심히 공부하여 수학 성적이 상위권에 오르게 되었고, 의과대학에 진학하여 처음에는 안과를 전공하게 되었다. 그러나 나중에는 정신의학으로 전공을 바꾸어 사람이 열등감을 극복하도록 조력하는 데 일생을 바쳤다.

2) 개인심리학에 영향을 준 이론들

아들러가 개발한 개인심리학은 다양한 이론들의 영향을 받아 발달되었다. 그의 개인심리학에 주요하게 영향을 미친 다섯 가지 이론적 입장은 다음과 같다.

첫째, 철학자인 칸트(Kant, I.)의 실천적 지식은 아들러가 강조한 사용의 심리학에 기여하였다.

둘째, 마르크스(Marx, K. H.)의 사회주의 사상은 개인심리학의 핵심 개념인 사회적 관심의 강조에 기여하였다. 개인이 사회적 존재임을 강조한 아들러의 사상은 마르크스의 영향을 반영한 것이다.

셋째, 파이잉거(Vaihinger, H.)의 '마치 ~처럼 철학'은 개인심리학의 기본 철학인 '허구적 최종목적론(fictional finalism)'에 기여하였다.

넷째, 프로이트(Freud, S.)의 정신분석은 아들러가 개발한 개인심리학과 여러 측면에서 다른 이론적 입장을 취하였다. 아들러의 개인심리학은 이 정신분석을 비판하면서 발달하였다고 할 수 있다.

다섯째, 니체(Nietzche, F. W.)의 '권력에 의지'는 아들러의 '힘에 의지'로 변형되어 개인심리학의 핵심 개념인 우월성 혹은 자기완성 추구에 기여하였다.

3) 현대 상담이론에 미친 영향

아들러의 개인심리학은 대부분의 현대 상담이론에 광범위한 영향을 주었다. 즉, 현대 상담이론 중에 아들러의 상담이론의 영향을 받지 않는 이론이 없을 정도로 아들러는 인간 이해 및 조력에 대한 폭넓은 관점을 바탕으로 개인심리학을 발달시켰다.

와츠(Watts, 2000)는 개인심리학의 묘미는 그것의 유연성이며 개인심리학 상담자는 이론적으로는 통합적이며 기술적으로는 절충적이라고 하였다(p. 26). 상담이론에서 사용되는 주요한 개념을 바탕으로 아들러의 개인심리학이 현대 상담이론에 미친 영향을 간략하게 살펴보면 다음과 같다.

인지 · 정서 · 행동 치료를 개발한 엘리스(Ellis, A.)는 공개적으로 자신이 아들러의 영향을 많이 받았다는 것을 언급하곤 하였다. 아들러가 제안한 개념인 사적 논리는 엘리스가 사용한 개인의 신념체계에 해당한다고 볼 수 있다. 개인이 가진 부정적 사적 논리가 엘리스의 비합리적 신념을 의미한다고 할 수 있다.

글래서(Glasser, W.)가 개발한 상담이론인 현실치료에서 강조하는 심리적 욕구는 소속감, 힘, 자유 그리고 즐거움이다. 글래서가 제안한 행동을 촉발하는 이러한 욕구 개념은 아들러가 제안한 접촉, 힘, 보호, 물러서기 등과 매우 유사하다.

버언(Berne, E.)이 개발한 교류분석의 주요 개념인 입장 갈망, 인생 각본, 삶의 입장 등은 개인심리학의 핵심 개념인 생활양식과 관련해서 잘 이해될 수 있다.

실존주의 상담 및 심리치료를 주창한 메이(May, R.)와 프랭클(Frankl, V.) 등도 개인심리학의 주요 개념인 우월성 혹은 자기완성 추구, 사회적 관심 혹은 사회적 존재로서 인간에 대한 이해의 영향을 받았다.

인간중심치료를 개발한 로저스(Rogers, C.)의 주요 개념인 공감, 경험을 통한 주관적 가치 형성 등은 아들러가 강조한 사적 논리와 사회적 관심과 관련해서 잘 이해될 수 있다.

마지막으로, 최근에 강조되는 구성주의자 상담 접근 방식의 주요한 개념들도 아들러가 제안했던 사적 논리와 생활양식과 관련해서 서로의 관련성을 찾을 수 있다.

4) 개인심리학 상담의 대중화

어느 사회건 자녀교육의 중요성을 강조하며 그에 대한 관심도 매우 높다. 개인심리학이 대중에게 널리 알려지게 된 주요한 계기는 1970년대부터 변화된 사회적 분위기에 따라 자녀교육을 위한 부모역할에 대한 강조와 관련된다. 개인심리학의 발달에 크게 공헌한 드레이커스는 제2의 아들러라고 불린다. 특히 그가 저술한 『도전: 아이들(Challenge: The Children)』은 베스트셀러가 되면서 개인심리학 이론의 대중화에 기여하였다. 그의 영향을 받은 개인심리학 상담이론가인 딩크메이어 부부(Dinkmeyer & Dinkmeyer)는 개인심리학에 근거한 부모역할훈련인 '효과적 부모역할을 위한 체계적 훈련(Systematic Training for Effective Parenting: STEP)'을 개발하여 대중에게 보급하였다. 또한 팝킨(Popkin, M.)이 개발한 '현대의 적극적 부모역할훈련(Active Parenting Today: APT)'도 아들러의 개인심리학의 영향을 많이 받았다. 개인심리학 이론에 근거한 부모역할훈련은 자연적 결과, 논리적 결과, 격려, 협동심, 책임감 등을 바탕으로 하여 자녀가 바람직하게 성장하도록 돕는 것을 강조한다.

2. 인간관

개인심리학 이론을 이해하기 위해 무엇보다 중요한 것은 이 이론에서 보는 인간에 대한 이해다. 여기서는 개인심리학 이론에서 강조하는 인간에 대한 이해를 철저히 하기 위해 인간관에 대해 살펴본다.

개인심리학에서는 인간을 다음과 같이 목적론적, 사회적, 창조적 그리고 통합적 존재로 본다.

첫째, 인간은 목적론적 존재다. 인간의 모든 행동에는 목적이 있다는 기본 전제하에 개인의 행동을 이해하려고 시도한다. 즉, 개인의 행동은 그의 목적을 달성하기 위한 표현이다. 따라서 개인심리학에서는 개인의 행동을 이해하기 위해 행동 이면에 있는 목적을 파악하는 것이 중요하다고 본다.

둘째, 인간은 사회적 존재다. 개인심리학에서 인간의 적응과 부적응의 핵심적 근거는 그가 사회적 존재로서 사회적 관심 혹은 이익을 위해 행동하는가의 여부다. 아들러학파는 사회적 관심의 정도가 낮고 자기이익만을 위해 행동하는 사람을 사회적으로 부적응적이라고 본다.

셋째, 인간은 창조적 존재다. 개인심리학에서 인간은 결정된 존재라기보다 끊임없이 자기 자신을 창조하는 존재다. 즉, 아들러학파는 우리가 운명 지어진 존재라기보다 자신의 운명을 창조할 힘을 가진 존재임을 강조한다. 개인은 자신의 생활양식을 창조할 자유에 대한 힘을 가진다. 따라서 모든 사람들은 자신의 정체감과 행동방식에 책임이 있다. 창조적 힘은 개인을 자유로운 사람으로 만든다. 창조적 힘은 움직임을 함축하는 역동적 개념이다. 이러한 움직임은 삶의 가장 두드러진 특성이다. 모든 정신적 삶은 어떤 목표로의 움직임과 어떤 방향으로의 움직임을 수반한다.

넷째, 인간은 통합적 존재다. 개인심리학에서의 '개인(individual)'은 그 어원이 '나누어질 수 없는(in + divisible)'으로, 통합적 존재다. 개인심리학에서는 개인을 이해하는 데 부분적인 입장이 아니라 전체적(holistic) 입장에서 이루어질 것을 강조한다. 이런 점에서 아들러학파의 주장은 최근 개인의 총체적 건강으로 정신과 신체를 분리해서 보는 입장보다는 통합해서 보는 입장과 일치한다. 개인은 나누어질 수 없는 독특한 존재다. 인간은 전체로서 어떤 단일 목표 달성에 지향되어 있는 존재다.

아들러 성격이론의 핵심 개념은 건강한 상태에서 긍정적이며 건설적인 통합된, 목표 지향적인 그리고 창조적인 자기다(Ansbacher & Ansbacher, 1979, pp. 5-6). 개인심리학은 모든 개인이 완전 추구와 상향 추구를 하는 존재라는 것을 가정한다. 아들러가 지적한 개인심리학의 기본 가정은 다음과 같다(Ansbacher & Ansbacher, 1979, pp. 24-25).

첫째, 개인심리학은 성격의 통합과 자기 일관성의 가정을 확립하였다.

둘째, 개인심리학은 독특한 개인이 변화하는 삶의 문제에 대해 행동하는 방식에서 활동의 확고하고 합리적인 영역을 발견한다. 개인이 가지는 적응해야 하는 환경과 자신에 대한 견해는 그의 행동에 결정적이다.

셋째, 개인심리학은 개인의 문제해결을 하는 데에서 성공 추구, 즉 삶과 함께 시작된 이러한 추구를 가정한다. 그러나 무엇이 성공을 구성하는가에 대한 판단은 개인의 견해에 달려 있다.

넷째, 개인이건 집단이건 간에, 어떤 구체적 변형을 평가하기 위한 준거는 항상 인류에 대한 상향적 발달과 복지에 대한 지향성이다. 다시 말하면, 이러한 일반적 복지와 상향 발달과 같은 목표에 도달하기 위해 어느 정도의 사회적 관심이 필요하다.

다섯째, 사회적 관심은 모든 타고난 인간 잠재력처럼 개인의 자기-일관된 생활양식에 따라서 발달할 것이다.

마지막으로 여섯째, 생활양식은 어렸을 때 아이의 창조적 힘, 즉 그가 세상을 지각하는 방식과 그에게 성공으로서 나타난 것에서 비롯된다.

모삭과 마니아치(Mosak & Maniacci, 1999)는 개인심리학의 기본 가정으로 다음과 같이 12가지를 제안하였다. ① 전체론, ② 목적론, ③ 창조적 자아, ④ 유연한 결정론, ⑤ 현상학, ⑥ 사회적 장이론, ⑦ 우월성 추구, ⑧ 개체기술 지향, ⑨ 사용의 심리학, ⑩ '마치 ~처럼' 행동하기, ⑪ 자기충족 예언 그리고 ⑫ 낙관론이다(pp. 12-28). 이러한 기본 가정은 개인심리학에서 강조하는 인간관을 포괄적으로 이해하는 데 도움이 될 것이다.

요약하면, 개인은 생활사에 대한 반응을 스스로 평가하고 선택하는 창조적 존재이며, 개인의 모든 행동에는 목적이 있다. 개인의 목적을 달성하기 위해 표현된 행동은 사회적 이익을 위해 이루어지는 것이 필요하다. 그렇지 못한 경우 사회적 존재로서 부적절한 역할을 수행한 것으로 본다. 또한 아들러학파는 개인의 행동은 전체로서 통합적으로 이해되어야 함을 강조한다.

3. 주요 개념

여기서는 아들러가 개발한 개인심리학 및 개인심리학 상담을 이해하기 위해 알아야 할 주요 개념으로 열등감과 보상, 우월성 추구, 허구적 최종목적론, 사회적 관심, 생활양식, 격려와 낙담 그리고 생애 과제에 대해 살펴보고자 한다.

1) 열등감과 보상

아들러는 인간을 열등한 존재로 보았다. 태어나면서부터 유아는 신체적 · 심리적 · 사회적 열등을 경험하며, 자신에게 주어진 인생 과정에서 이러한 열등감을 극복하면서 삶을 유지한다. 아들러학파는 개인의 열등감을 자신의 삶 추구의 원천이라고 본다. 이런 점에서 개인의 삶은 열등감을 끊임없이 극복하려는 보상의 과정이라고 할 수 있다. 아들러는 "인간이 된다는 것은 자신이 열등하다는 것을 느끼는 것을 의미한다."고 하였다.

아들러는 「기관열등감과 그것의 정신적 보상에 관한 연구(A

Study of Organ Inferiority and Its Psychical Compensations」(1917)라는 초기 논문에서 열등감의 문제를 처음으로 연구하였다. 열등한 기관들은 그 자체가 병에 쉽게 영향을 받기 쉬울 뿐만 아니라 심리적 경험에 영향을 줄 수 있다. 예를 들면, 그는 아동의 잘못된 행동이 기관열등감에 귀인될 수 있을 뿐만 아니라 실패한 보상에 귀인될 수 있다는 것을 관찰하였다. 물론 기관열등감이 반드시 나쁜 결과로 나타나는 것은 아니다. 보상은 매우 바람직한 반응 패턴을 형성할 수 있다. 더 나아가 아들러는 심장병이 심장 근육을 강하게 하여 심장의 잘못된 기능이 극복될 수 있다는 것을 관찰하였다. 또한 병든 신장을 제거하면 남아 있는 신장은 확장되며, 이는 결과적으로 병든 신장의 손실을 보상한다고 하였다.

인간은 누구나 어떤 측면에서 열등감을 느낀다. 왜냐하면 인간은 현재보다 나은 상태인 완전성을 실현하기 위해 노력하는 존재이기 때문이다. 그리고 사회적 존재로서 다른 사람과 비교하여 자신을 평가하기 때문이다. 더불어 아들러는 우리 각자가 자기완성을 이루기 위해 자신이 느끼는 열등감을 극복해야 한다는 것을 강조하였다. 아들러는 자기완성을 위한 필수 요인으로 열등감을 제안하였는데, 이때 열등감을 긍정적인 측면에서 보았다.

열등감이 심리적 건강 혹은 신경증에 이르는 과정을 좀 더 구체적으로 살펴보자. 개인이 자신의 열등감을 극복하고 완성에 도달하기 위해 우월성 추구를 하면 건설적 생활양식을 갖게 되어 심리적 건강을 달성한다. 이러한 사람은 자신의 부족한 점을 스스로 인정하고 그것을 극복하려는 의지와 노력을 통해 자기완성을 이루기 위해 매진한다. 즉, 심리적 건강을 위해 우리가 열등감을 지배하는 것이 필요하다. 반면에 개인이 열등감을 개인적 우월성 추구에 집착하면 파괴적인 생활양식을 갖게 되어 신경증에 빠지게 된다. 열등감에 사로잡혀 열등감의 노예가 된다면, 열등감은 우리를 지배하게 된다. 이렇게 된다면 개인의 삶은 열등감 콤플렉스에 빠져버리게 된다.

2) 우월성 추구

개인의 삶의 궁극적 목표는 자기완성을 이루는 것이라 할 수 있다. 아들러학파는 개인의 이러한 노력을 '우월성 추구(striving for superiority)'라고 하였다. 개인심리학의 이론적 정립 과정에서 보면, 우월성 추구의 개념은 남성성 추구 → 힘의 추구 → 우월성 추구의 과정을 거쳐 확립되었다. 우월성 추구의 실제적 의미는 자아존중감, 완벽성, 자기완성 그리고 자기실현의 추구다. 아들러학파는 "열등감을 극복하려는 추구가 우리를 밀고, 또한 우월성 추구가 우리를 당긴다."고 주장한다.

최근 많은 아들러학파들은 개인심리학의 중요한 개념에 대한 논의에서 '열등감 극복'보다 '우월성 추구'가 더 핵심 개념이라고 주장한다. 이렇게 강조하는 주요 이유는 개인의 목표는 단순히 열등감 극복이 아니라 자기완성 혹은 자아실현이라는 점 때문이다.

아들러는 우월성의 개념을 자기완성 혹은 자아실현의 의미로 사용하였다. 아들러는 인간의 자기 신장, 성장 및 능력을 위한 모든 노력의 근원이 열등감이라고 하였다. "인간이 추구하는 궁극적인 목적은 무엇인가?" "삶의 일관성과 통일성을 부여하는 것은 무엇인가?" "인간은 단지 열등감의 해소만을 추구하는가?" "인간은 단지 타인을 능가하기 위해서만 동기화되는가?" 이러한 질문들에 대해 아들러는 1908년까지는 '공격성'으로, 1910년 즈음에는 '힘에 대한 의지'로, 그 후부터는 '우월성 추구'의 개념으로 설명하였다.

우월성의 추구는 삶의 기초적인 사실인데, 모든 인간이 문제에 직면하였을 때 부족한 것은 보충하며, 낮은 것은 높이고, 미완성의 것은 완성하며, 무능한 것은 유능한 것으로 만드는 경향성이다. 즉, 우월성의 추구는 모든 사람의 선천적 경향성으로 일생을 통해 환경을 적절히 다스리며 동기의 지침이 되어 심리적인 활동은 물론 행동을 안내한다. 아들러는 우월성의 추구를 모든 인생의 문제해결의 기초에서 볼 수 있으며, 사람이 인생의 문제에 부딪치는 양식에서 나타난다고 하였다. 출생에서 사망에 이르기까지 우월성을 추구하기 위한 노력은 인간을 현 단계보다 넓은 다음 단계의 발달로 이끌어 준다. 모든 욕구는 완성을 위한 노력에서 힘을 얻기 때문에 분리된 욕구는 존재하지 않는다.

아들러가 제안한 우월성의 추구는 건전하게 이루어진 성격에 사회적 관심을 가미하고 있음을 이해할 수 있다. 즉, 사회적 관심을 가진 바람직한 생활양식을 바탕으로 한 우월성 추구가 건강한 삶이라고 할 수 있다.

3) 허구적 최종목적론

개인이 우월성을 추구하는 방식은 현실이 아니라 현실에 대한 주관적 지각에 의해 형성된다. 아들러는 파이잉거(Vaihinger, 1911)의 저서인 『마치 ~처럼 철학(The philosophy of as if)』에서 영향을 받아 개인이 현실적으로 실현 불가능한 많은 허구적 생각에 의해서 살아간다는 견해를 수용하여 '허구적 최종목적론'을 개인심리학의 주요 개념으로 주장하였다. 아들러학파는 개인은 경험에 근거한 주관적 지각인 자신의 '사적 논리'를 바탕으로 삶의 목적을 달성하려고 노력한다고 본다. 개인의 행동을 야기하는 데 기여하고 주요한 역할을 하는 삶의 궁극적 목표는 사적 논리에 바탕을 둔 개인의 사적 신념이며, 이는 객관적으로 검증된 현실이라기보다 대부분이 허구인 경우가 많다. 이런 점에서 우리는 각자가 정한 허구적 최종 목표를 달성하기 위한 인생이라는 소설을 쓰고 있다고 할 수 있다.

4) 사회적 관심

개인심리학에서 개인의 적응과 부적응 여부를 결정하는 중요한 준거는 사회적 관심(social interest)이 높음과 낮음의 정도다. 사회적 관심은 독일어 'gemeinschaftgefühl'을 번역한 것인데, 이는 영어로 social feeling, community feeling, communal intention, community interest, social interest 등으로 다양하게 번역되었다. 앞서 언급한 것처럼, 사회적 관심은 인간이 사회적 존재로서 사회를 위해 활동함을 말한다. 즉, 우리 자신이 사회를 위해, 좀 더 구체적으로 말하면 타인에 대한 관심이나 이익을 위해 활동하는 존재라는 점이다. 사회적 관심은 인간의 사회적 본능을 강조해서 비롯된 개념이다.

[그림 1]에서 보여 주듯이, 사회적 관심의 높고 낮은 정도에 따라 타인과의 관계와 자신의 행동에 대한 평가가 달라진다.

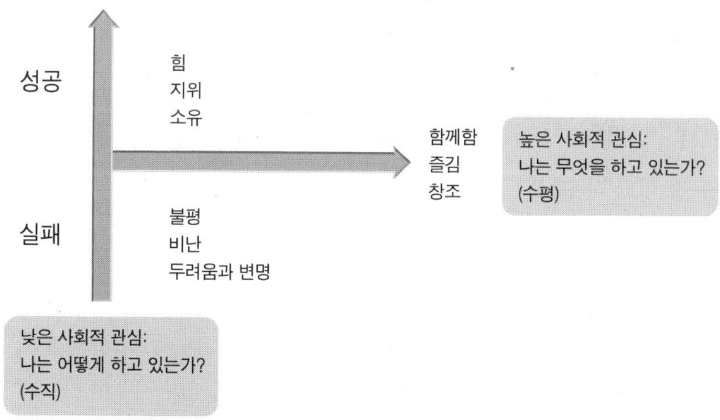

[그림 1] 사회적 관심의 높고 낮음에 따른 결과

아들러학파는 "사회적 관심은 사회로의 자기 확장이다."라고 본다. 또한 그들은 사회적 관심은 타고난 것이지만 단지 잠재적인 것이기 때문에 사회적 맥락 속에서 개발되어야 한다고 생각한다.

5) 생활양식

개인은 자신이 어린 시절에 형성한 생활양식(life style)에 따라 삶을 영위한다. 개인이 경험한 사건들을 평가하고 다루고 예견할 수 있게 하는 신념의 집합체를 가리켜 생활양식이라 한다. 생활양식은 개인이 열등감을 극복하고 생애 목표를 성취해 가는 독특한 방식이다. 개인이 각기 독특한 생활양식을 창조한다고 볼 수 있다. 아들러학파는 생활양식의 유형을 사회적 관심 및 활동 수준의 높고 낮음에 따라 다음과 같이 네 가지 유형으로 포괄적으로 설명한다.

첫째, 사회적 유용형은 사회적 관심 및 활동 수준이 모두 높은 유형을 말한다. 개인심리학에서 사용의 심리학을 강조하였는데, 건강한 사람은 높은 사회적 관심을 가지고 그러한 목적을 달성하기 열심히 활동하는 사람이다.

둘째, 지배형은 사회적 관심은 낮지만, 활동 수준이 높은 사람을 말한다. 지배형에 속하는 독재자는 타인에 대한 이익을 고려하지 않으면서 자신의 지위를 유지하기 위해 열심히 활동하는 사람이라고 할 수 있다.

셋째, 기생형 및 회피형은 사회적 관심과 활동 수준이 모두 낮은 사람을 말한다. 기생형은 타인이 이룬 것을 노력하지 않고 획득하려는 유형이다. 회피형은 자신이 원하는 것을 도전하지 않고 피해 가는 유형으로, 회피형의 사람은 활동 수준이 낮으며, 타인을 배려하는 마음인 사회적 관심도 낮다.

마지막으로 분류될 수 있는 유형은 사회적 관심이 높고 활동

수준이 낮은 유형이다. 아들러학파는 이러한 유형이 논리적으로 존재하기 힘들다고 보았기 때문에 어떤 유목의 분류를 하지 않았다. 즉, 사회적 관심이 높은 사람은 당연히 사회, 즉 타인의 이익을 위해 열심히 활동할 것이라는 가정을 견지하였다.

6) 격려와 낙담

아들러는 사람을 진단하는 것에 대해 부정적인 입장을 확고히 하였다. 그는 어떤 문제를 가진 개인에 대해 그 개인이 용기를 잃고 낙담된 상태에 있는 것으로 보았다. 격려(encouragement)는 일반적으로 타인에게 용기(courage)를 북돋아 주는 것으로 사용되어 왔다. 격려의 반대는 낙담(discouragement)으로, 타인을 낙담시킨다는 의미는 그의 용기를 제한하거나 잃게 하는 것이다. 격려와 낙담을 바탕으로 사람을 크게 두 가지로 분류하면, 격려하며 사는 사람은 건강하며 적응적인 생활을 하는 것이며, 낙담하여 사는 사람은 건강하지 못하며 부적응 생활을 한다고 할 수 있다. 이러한 관점에서 최근의 혁신적인 상담 접근 방식으로 아들러의 개인심리학 이론에 근거하여 로슨시(Losoncy, 2001)는 '격려치료(encouragement therapy)'를 개발하여 제안하였다. 기본적으로 격려치료는 상담자가 내담자를 격려해 줌으로써 그를 조력하는 접근 방식이다. 아들러의 개인심리학 상담 접근에서는 상담자의 격려를 무엇보다 중요하게 여긴다. 개인심리학 상담자들은 흔히 상담에서 상담자가 경청만 잘 해 주면 내담자가 변화한다는 말과 유사하게 격려만 잘 해 주면 내담자를 조력할 수 있다고 본다.

격려는 복잡한 과정으로 이루어지기 때문에 정확한 정의를 내리는 것이 쉽지 않지만 최선으로 격려를 정의해 보면, 격려는 교사가 학생을 존경하고 신뢰하고 믿는다는 것을, 그리고 그의 현재의 부족한 기술이 어떤 방식으로건 인간으로서 그의 가치를 감소시키지 않는다고 생각한다는 것을 학생에게 전달하는 행동이다(Dreikurs, Grunwald, & Pepper, 1998, p. 103).

격려하는 능력은 타인과 잘 어울리는 데 가장 중요한 단일 특성이다. 또한 격려하는 능력은 자신에 대한 믿음에서 나온다. 그러한 믿음이 없으면 자기평가를 위한 우리의 보상적 갈망이 우리가 최선의 노력을 하지 못하게 할 것이다. 격려하는 능력은 자신감을 불어넣은 능력이다. 어떤 사람의 잘못된 자아개념을 변화시키기 위해서는 '그가 그 자체만으로 충분히 좋다.'는 것을 진심으로 확신해야 한다. 우리 모두는 현재의 자신보다 더 나아질 수 있다. 그러나 우리가 더 나아질 수 없다고 해서 그것이 우리가 결코 가치 없으리라는 것을 의미하지 않는다.

성장에서 역동적 힘은 용기다. 개인이 먼저 자신의 능력을 믿지 않으면 누구도 능숙하게 될 수 없다. 우리 모두는 잘못을 두려워하는 것에 조건화되어 있다. 잘못의 부정적 평가는 격려의 여지를 거의 남기지 않는다(Dreikurs, 1971, pp. 120-122).

최근에 양, 밀리렌 그리고 블라젠(Yang, Milliren, & Blagen, 2010)은 용기를 "어려움이 있을 때 자기와 타인의 이익을 지향하여 우리가 나아가도록 하는 내부와 외부에서 비롯된 창조적 생명력이다. 특히 용기와 용기의 행위는 생애과제(일과 직업, 사랑과 결혼, 사회, 자기지향성, 영성)와 관련하여 사회적으로 유용한 방식으로 기여하고 협동할 개인의 의지에서 가장 잘 표현된다(p. 14)."고 정의하였다.

그룬발트와 맥아비(Grunwald & McAbee, 1985)는 격려는 상호 존중, 평등성, 이해 및 신념을 포함해야 한다고 제안하였다. 딩크메이어와 로손시(Dinkmeyer & Losoncy, 1996)는 "격려는 모든 긍정적 · 개인적 · 전문적 관계에서 핵심 요인이다. 격려는 긍정적 행동을 하도록 개인의 내적 자원과 용기의 발달을 촉진하는 과정이다."(pp. 5-7)라고 진술하였다.

격려의 행동은 과업을 성취하는 데 대한 노력, 향상 및 기여를 인식하는 것이다(Dreikurs & Grey, 1968; McKay, 1992). 아줄레이(Azoulay, 1999)는 어떤 행동이나 생각에 따른 강화로서보다 행동이나 인지에 선행하는 자극으로서 작동한다고 진술하였다. 또한 아줄레이는 격려는 잘 행해진 과업에 대한 보상이 아니며, 사람이나 그의 활동에 대한 긍정적이지만 판단적 진술일 경향이 있는 칭찬도 아니라고 주장하였다. 차라리 격려는 개인의 내적 세계와 외적 세계 간의 어떤 연결고리다(Cheston, 2000).

딩크메이어와 로손시(1980)는 격려는 판단이 아니라고 기술하며 사회적 가치, 과정과 향상(이전의 수행과 비교가 아닌) 및 노력을 강조하였고, 긍정적 수행의 결과로서 개인이 갖는 좋은 감정에 초점을 두기 때문에 효과가 있다고 주장하였다. 다양한 연구자들은 격려를 의사소통하는 방식으로서 경청과 이해, 비판단적인 것, 타인과의 관계에서 인내 유지, 타인 및 자신의 능력에 대한 신념과 자신감을 불어넣는 것, 노력이나 향상에 초점을 두는 것, 그리고 강점과 자질에 초점을 두는 것 등으로 기술하였다(Dinkmeyer & Losoncy, 1980; McKay, 1992; Sweeney, 1989).

7) 생애과제

개인은 누구나 생애과정에서 이루고자 하는 목적을 가지고 있다. 아들러는 인간을 목적론적 존재로 보았다. 그는 개인의 모든 행동에는 목적이 있다고 주장하였다. 또한 개인이 생애과정에서 달성해야 할 생애과제를 제안하였다. 아들러는 사람이면 누구나 적어도 세 가지 주요 생애과제, 즉 '일과 여가' '우정이나 사회적 관심' 그리고 '사랑과 결혼'에 직면하게 된다고 믿었다. 그 후 수십 년간의 연구들을 통해 아들러는 이 세 가지 주요 생애과제야말로 건강과 안녕에 핵심이라는 입장을 더욱 공고히 하였다.

모삭과 드레이커스(Mosak & Dreikurs, 1967)는 아들러에 의해 암시되기만 했던 다른 두 가지 생애과제를 확인하였다. 네 번째 생애과제는 '영성'으로, 이는 우주, 신과 관련된 개인의 영적 자아를 다루는 것이다. 다섯 번째 생애과제는 '자기지향성'으로, 주체로서의 나와 객체로서의 나를 다루는 데에서 개인의 성공을 다루고 있다. 자기지향성을 구성하는 12가지 내용은 가치감, 통제감, 현실적 신념, 정서적 자각 및 대처, 문제해결 및 창의성, 유머감, 영양, 운동, 자기 보살핌, 스트레스 관리, 성정체감 그리고 문화정체감이다('자기성장을 위한 개인심리학 상담 연습 4: 자기지향성 알아보기' 참조).

4. 문제행동에 대한 이해

여기서는 아들러학파가 개인의 어떤 특징이나 행동을 문제로 여기는지를 살펴보고자 한다. 먼저 아들러가 지적한 문제를 가진 사람의 특징에 대해 알아보고, 열등감 콤플렉스, 우월감 콤플렉스 그리고 자기보호 경향성에 대해 살펴본다.

1) 문제를 가진 사람의 특징

개인심리학에서는 문제를 가진 사람의 특징으로서 세 가지 결여, 즉 용기의 결여, 사회적 관심의 결여 그리고 상식의 결여를 지적하였다. 첫째, 용기의 결여는 개인이 용기를 잃고 삶을 포기한 상태를 말한다. 개인의 용기가 결여된 상태가 낙담한 상태다. 개인심리학 상담에서 무엇보다도 격려를 강조하는 이유는 문제가 있는 사람을 낙담한 사람으로 보기 때문이다. 둘째, 사회적 관심의 결여는 사회적 관심이 낮아서 타인을 배려하거나 공감함이 없이 자신의 이익만을 생각하며 사는 것을 의미한다. 아들러의 개인심리학에서는 사회적 관심이 낮은 사람을 정신적으로 건강하지 않는 사람으로 본다. 마지막으로, 상식의 결여는 개인이 정상적인 상태에 있지 않고 비정상적인 상태에 있는 것을 의미한다. 상식이 결여된 사람은 정상분포 곡선에서 극단에 치우쳐 자신이나 타인을 해칠 수 있는 열등감 콤플렉스나 우월감 콤플렉스에 빠져 이상 행동을 보일 수 있다.

2) 열등감 콤플렉스

아들러는 "사람이 된다는 것은 자신이 열등하다는 것을 느끼는 것을 의미한다."고 주장하였다. 그는 열등감 자체를 긍정적 측면에서 이해하였다. 즉, 개인은 모든 면에서 열등한 존재로 태어나 자신의 열등감을 끊임없이 극복하려고 노력하는 존재라고 생각하였다.

열등감 콤플렉스는 열등감이 개인에게 부정적으로 영향을 미치는 것으로 과장된 열등감을 말한다. 즉, 정상적 열등감과 열등감 콤플렉스의 차이는 정도의 차이라고 할 수 있다. 아들러가 지적한 열등감 콤플렉스의 세 가지 원천은 기관열등감(organ inferiority), 과잉보호(spoiling) 그리고 양육태만(neglect)이다. 또한 아들러는 신경증의 전형적 두 가지 조건은 열등감 콤플렉스와 사회적 관심의 결여라고 지적하였다. 열등감 콤플렉스의 세 가지 원인인 기관열등감, 과잉보호 그리고 양육태만을 살펴보면 다음과 같다.

(1) 기관열등감

이 열등감 원인은 개인의 신체와 관련된 것이다. 즉, 부모에게서 물려받은 자신의 신체에 대하여 어떻게 생각하는가와 관련된 것이다. '외모에 대해서 어떻게 생각하는가?' '신체적으로 건강한가, 아니면 자주 아픈가?' 신체적으로 불완전하거나 만성적으로 아픈 아동은 다른 아동과 성공적으로 경쟁할 수 없다. 그래서 이런 아동은 열등감이라는 껍질 속에서 움츠러든다.

(2) 과잉보호

이 원인은 부모의 자녀교육과 관련된 것이다. 자녀를 얼마나 독립적으로 키우느냐 의존적으로 키우느냐는 부모의 교육방식에 따라 달라진다. 가족이 핵가족화됨으로써 '내 자식 위주'의 사고를 가진 부모들이 많아졌다. 요즈음은 자녀가 학교나 사회에서 어떤 문제를 일으켰을 때, 아동 스스로 해결할 수 있도록 기회를 주기보다는 부모가 먼저 나서서 모든 일을 해결해 버리는 경우가 많다. 과거 한참 유행이었던 '마마보이'는 부모의 과잉보호로 부모 없이는 스스로 아무것도 결정할 수 없는 아동을 비꼬는 말이었다. 과잉보호로 자란 아동은 다른 사람이 항상 자신을 위해 모든 것을 해 주기 때문에 자신감이 부족하게 되어 자신이 인생의 어려운 고비에 부딪쳤을 때 해결할 능력이 없다고 믿고 깊은 열등감에 빠지게 된다.

(3) 양육태만

이 원인은 부모가 자녀에 대한 최소한의 도리를 하지 않는 것이다. 아이의 성장에서 부모의 사랑과 관심은 매우 중요한 요소다. 아이는 부모와의 신체접촉 및 놀이를 통해 안정된 정서를 갖게 되며 자신의 존재 가치를 느끼게 된다. 사회의 급격한 변화와 더불어 이혼율과 여성의 사회 참여가 증가하면서 자녀에 대한 사랑과 관심이 줄어들고 있다. 특히 비디오 교육이라는 명목하에 자녀 홀로 가정에서 비디오를 보게 함으로써 부모의 역할을 태만히 하는 경우가 많다. 이러한 양육태만된 아이는 근본적으로 자신이 필요하지 않다고 느끼고 있기 때문에 열등감을 극복하기보다는 오히려 문제에 대해 회피하거나 도피한다. 즉, 이들은 자신의 능력을 인정받고 애정을 얻거나 남으로부터 존경을 받을 수 있다는 자신감을 잃고 세상을 살아간다.

3) 우월감 콤플렉스

열등감 콤플렉스와 우월감 콤플렉스는 동전의 양면이라고 할 수 있다. 우월감 콤플렉스는 열등감의 바람직하지 못한 보상의 형태로 나타난다. 우월감 콤플렉스는 참을 수 없는 열등감 콤플렉스를 위장하는 어떤 신경증적 기법이다. 이것은 자신이 다른 사람보다 훌륭하거나 위에 있다고 생각하는 거짓 신념이나 망상을 구체화한다. 우월감 콤플렉스는 모든 성격 발달에 있는 기본적인 역동적 힘을 말하는데, 정상적인 우월성 추구와 혼동되어서는 안 된다. 유용한 우월성 추구와는 대조적으로, 우월감 콤플렉스는 강한 열등감을 극복하려는 시도로서 또 하나의 '간교한 계략'이다.

아들러는 우월감 콤플렉스를 개인이 스스로 탁월한 재능과 성취를 가지고 있다고 생각하는 성격 특성 혹은 태도로 기술하였다. 우월감 콤플렉스는 개인이 자신이나 다른 사람에게 부과한 과장된 요구로 분명하게 나타날 수 있다. 이는 자신의 개인적 외모에 대한 허영심, 여성이 남성 외모로 혹은 남성이 여성 외모로 보이게 하는 것과 같이 옷을 입는 이상한 패턴으로 표현될 수 있다.

성격 특성과 관련하여, 이러한 개인은 거만하고 속물적이고 교만하고 위세 부리고 지배적일 수 있고, 혹은 타인의 삶을 침해하는 어떤 경향성, 혹은 자신을 뛰어나다고 여기거나 저명인사에게 밀착하려는 욕망을 표현한다. 이것은 보다 약하거나 열등한 위치에 있는 사람을 지배하려는 시도이거나 의도적 기만일 수 있다. 이들은 매우 자만한 인상을 주며, '자신에게 집착된' 사람으로 간주된다. 이들은 과장하여 허풍을 떨고 자신의 성취를 과장하며, 자신이 관심의 중심인물이기를 원한다. 또한 중요하지 않는 문제에 강한 열정을 보이며, 대화를 할 때 대화가 자신에게 맞춰지도록 한다. 이들은 자기중심성이 있어서 다른 사람과 좋은 인간관계를 형성할 수 없다. 흔히 다른 사람의 감정을 고려하지 않고 강렬한 힘을 추구한다. 이러한 것은 결과적으로 범죄 행동으로 끝날 수도 있다.

우월감 콤플렉스는 가면(mask), 즉 열등감에 대한 바람직하지 못한 보상이다. 실제로 우월한 대부분의 사람은 비록 내적으로 자신의 성취를 인식하더라도 어떤 겸손함을 보일 것이다. 어떤 의미에서, 이와 같은 진실한 우월감 콤플렉스는 전혀 존재하지 않는다. 우월감 콤플렉스는 단순히 심한 열등감을 위장하는 것이다. 우월감 콤플렉스는 일반적으로 열등감의 과장된 표현으로 쉽게 분간될 수 있다.

4) 자기보호 경향성

개인은 누구나 자신의 자아존중감이 위협당할 때 그러한 위협으로부터 자신을 보호하기 위해 어떤 책략을 시도한다. 이러한 책략은 자아를 보호하고 이미 확립된 생활양식을 유지하는 것을 목적으로 한다. 자기보호 경향성은 프로이트의 방어기제와 유사하다. 자기보호 경향성과 방어기제는 모두 자아를 보호하기 위해 사용되는 기제다. 하지만 기본적인 차이점이 두 개념 사이에 존재하는데, 프로이트의 방어기제는 불안으로부터 자아를 보호하려는 시도다. 프로이트는 보통 무의식에서 시작된 위협으로부터 파생된 의식적이고 유쾌하지 않는 경험을 불안이라고 하였다. 아들러가 제안한 자기보호 경향성은 개인에게 부여된 외부적 요구에 대한 보호로서 작용한다. 프로이트의 방어기제는 모든 사람에게 발견되는 것인데, 방어기제가 성격을 과장하게 되고 성격을 지배할 때에만 문제가 된다.

아들러의 자기보호 경향성은 정상적인 사람과 비정상적인 사람 모두에게서 일어날 수 있는데, 그는 신경증적 개인에게서 자기보호 경향성이 나타남을 더 강조하였다.

자기보호 경향성의 주요한 세 가지, 즉 변명, 공격 그리고 철회를 살펴보면 다음과 같다(Lundin, 1989, pp. 95-103).

(1) 변명

자기보호 경향성이 높은 신경증 환자의 행동은 삶의 어려운 문제들을 회피하려는 시도다. 어떤 개인은 장벽을 구축하고서 보호되고 더 편안하고 안전하게 느낀다. 변명에는 두 가지 유형, 즉 '예, 그렇지만(Yes, but)'과 '단지, ~했다면(If, only)'이 있다.

① '예, 그렇지만' 유형

매우 좋고 긍정적으로 생각하는 것을 자신이 하고 싶은 것이라고 말하지만, 나중에 보호로서 변명이 뒤따르는 것을 말한다. 몇 가지 예를 살펴보자. 한 대학생은 시험에서 A를 받고 싶지만, 같은 날 다른 두 과목의 시험을 치러야 하고 그래서 그 날 공부할 시간이 많이 부족하다고 말한다. 혹은 한 주부가 자선행사에 참여하고 싶지만, 청소부 아주머니가 마침 결근을 해서 그녀가 집안의 모든 일을 혼자서 해야 한다고 말한다. 혹은 교수가 연구에 참가하고 싶지만, 평가해야 할 학생의 보고서들이 너무 많이 있어서 시간이 없다고 말한다. 여기서 실제 문제는 시간이 없는 것이 아니라 그가 게을러서 연구를 전혀 하지 않는다는 것이지만, 그것은 그의 자존심에 지나친 위협이 될 수 있는 것을 인정하는 것이다.

② '단지, ~했다면' 유형

이러한 변명을 하는 사람들의 진술을 여러 가지 방식으로 기술할 수 있다. "만일 내가 대학교육만 받았다면, 평범한 직업을 갖지는 않았을 것이다." "만일 내가 더 좋은 옷만 입었더라면, 사교 클럽에 참석 요청을 받았을 것이다." "만일 내가 입시 준비 학교에 갔더라면, 나는 최소한 대학에 갈 수 있었을 것이다." 아들러는 변명이 개인이 생활 속에서 더 열심히 하지 않는 손쉬운 이유라고 믿었다. 이 경우에 변명은 보통 무의식적으로 작용한다.

(2) 공격

아들러는 프로이트보다 시기적으로 더 앞서 기본적인 공격 추동을 제안하였다. 이것은 후에 우리 모두에게 내재되어 있는 기본적인 역동적 힘으로서의 우월성 추구로 대치되었다. 아들러는 자기보호 경향성으로 공격을 사용함으로써 자기 자신뿐만 아니라 타인을 경멸하고 비난하는 형태로 공격적 표현을 한다고 지적하였다. 공격의 세 가지 하위 형태인 경멸, 타인 비난 그리고 자기비난을 살펴보면 다음과 같다.

① 경멸

경멸은 타인의 재능, 능력 혹은 성격특질을 포함하여 그를 낮추거나 평가절하하는 경향을 말한다. 타인을 이렇게 얕잡아 보는 것과 함께, 자기자신의 특성들은 과대평가한다. 경멸은 험담, 질투 혹은 편협함의 형태로 나타날 수 있다. 다른 사람을 경멸하는 것은 우리를 더 돋보이게 하는 것이다. 아들러는 경멸을 두 가지 형태인 이상화와 염려로 구분하였다.

이상화 이상화(idealization)에서는 비교를 통해서 다른 사람이 부족하게 보이도록 하기 위하여 자기자신을 이상형으로 설정한다. 그래서 다른 사람의 가치가 하락된다. 가끔 이상화에서 '단지'라는 단어가 갑자기 튀어나온다. 어떤 소녀는 '단지' 부자, 혹은 단지 대학교육을 받은 남자 혹은 남자다운 사람과 결혼할 것이라고 말한다. 이상화는 현실을 평가절하하는 가공적인 수단이 된다.

염려 이 기제를 사용하는 개인은 다른 사람이 자신을 돌볼 수 없다는 것을 함축함으로써 다른 사람에 대한 지나친 염려를 하게 된다. 염려하는 개인은 자신의 도움이 없다면 마치 다른 사람이 그들 자신을 돌볼 수 없는 것처럼 행동한다. 이런 사람은 다른 사람이 혼란스러워하고 용기를 잃고 그의 배려를 받게 될 때까지 염려의 끈을 놓지 않는다.

② 타인비난

공격의 두 번째 형태는 타인비난에서 찾을 수 있다. 이것은 우리 자신의 실패에 대하여 타인을 비난하는 자기보호 경향성이다. 때때로 이것은 극단적인 보복을 추구하게 되며, 그래서 자기자신의 흔들리는 자아존중감을 보존한다. 타인비난은 어떤 개인이 자신의 사적 논리에 따르지만, 그러한 논리는 실제로 결코 논리적이지 않으며, 단지 대상을 지각하는 그의 왜곡된 방식일 뿐이다. 아들러는 타인비난이 실제로 비열한 기법이라고 느꼈다. 어떤 일에 실패하게 되었을 때, 타인비난은 그 실패의 원인을 다른 사람의 잘못으로 돌리는 것이다. 실패에 대한 비난 대상은 어머니, 아버지, 형제자매, 친구, 아는 사람, 교사 혹은 정말로 뜻밖의 다른 사람이 될 수 있다. 이러한 '책임전가'는 타인비난의 공통된 형태다.

아동에게서, 비난은 위장된 형태를 띨 수 있다. 학교에 갈 시간에 아프다고 하거나, 형제자매가 특별한 상을 받으면 짜증을 낸다. 성인에게서, 비난은 더 직접적일 수 있다. 어떤 대학생이 시험을 망치고서, 시험을 어렵게 만든 것은 교수의 잘못이라고 하거나 문제들이 결코 강의 시간에 토의된 것이 아니라고 한다. 또한 부적절한 사업적 거래를 하고, 자신에게 충고를 해 준 친구를 비난한다. 아동은 자신의 불행에 대해서 부모를 비난하고 꾀병을 부림으로써 복수한다. 교수법에 서투른 대학교수는 수강생의 반 이상을 낙제시킴으로써 학생들에게 복수한다.

③ 자기비난

보호장치로서 공격성의 세 번째 형태는 자기비난이다. 이것은 자신에 대한 비난, 학대 혹은 죄책감의 형태를 띤다. 자기비난은 피학적 경향을 띠는데, 심지어 자살을 시도할 수 있다. 자기학대의 기법들은 환경을 가치절하함으로써 자기를 높인다. 이러한 경향은 아동의 바람이 부모의 속을 상하게 하거나 부모의 관심을 끌게 될 때인 어린 시절에 생겼을 수도 있다. 자기자신을 해침으로써 타인을 상처 입히는 것은 자기상승의 가장 정교한 기법들 중의 하나다.

(3) 철회

철회(withdrawal)는 개인이 자기와 문제 사이에 거리를 설정함으로써 어떤 문제에서 '도피'하려는 시도다. 개인이 철회하는 네 가지 유형은 과거로 돌아가기, 머무르기, 주저하기 그리고 장애물 설치하기다.

① 과거로 돌아가기

사람이 생애 초기 그리고 더 안전한 시기로 되돌아감으로써 자신의 자아존중감을 보호하려는 경향성을 보이는 것을 말한다. 이러한 경향은 자기에게 문제가 보다 더 적고 위협이 더 적은 삶의 어떤 기간인 과거로 되돌아가는 것을 의미하는 프로이트의 방어기제인 퇴행과 대비되는 것인데, 이 두 가지를 구분할 필요가 있다. 프로이트의 개념에서 방어는 무의식적으로 작동되며, 초기의 고통스러운 경험의 억압을 포함한다. 아들러의 '과거로 돌아가기'의 개념은 우월성의 과장된 목표를 보호하려는 시도로 생각될 수 있다. '과거로 돌아가기'는 자살시도, 졸도, 대부분의 공포증, 강박증, 신경성 식욕부진증, 약물과 알코올 중독, 범죄 경향성, 불안 발작의 시도 등으로 표현될 수 있다. 이러한 모든 증상의 배후 기제는 증상들에 대한 어떤 통제를 획득하기 위해서 다른 사람으로부터 주의를 끌려는 것이다.

아동은 주의 끌기를 좋아한다. 자살 시도, 졸도, 식욕부진은 다른 사람으로부터 행복에 대한 많은 자신의 관심을 이끌어내는 주의 끌기 장치의 명백한 예들이다. 마찬가지로 이러한 증상들은 자아존중감을 더 강화시키는 동정심을 유발한다. 게다가 퇴행하는 것은 좀 더 책임이 덜한 행동을 포함한다. 우리는 아동에게서 성인의 책임감과 같은 것을 기대할 수 없다. 또한 알코올 및 약물 중독은 그러한 책임감이 없는 행동의 예로서 해석될 수 있다.

② 머무르기

머무름으로써 실패의 위협을 회피하려는 시도다. 이 보호기제는 프로이트의 방어기제인 고착과 아주 비슷하다. 머무르기는 부분적으로 의식적이라는 점에서, '과거로 돌아가기'가 퇴행과 다른 것처럼, 고착과는 상당히 다르다. 불안으로부터 자아를 보호하는 것 대신에, 머무르기는 과장된 우월감을 줌으로써 자아를 보호한다. 머무르기를 통해 개인은 실패의 위협을 회피한다. 이것은 개인이 생활의 현실 속으로 더 가까이 가는 것, 진실에 직면하는 것, 어떤 입장을 갖는 것 혹은 의사결정을 하는 것을 방해한다. 때때로 머무르기를 통해 아무것도 하지 않음으로써 문제들이 스스로 해결될 수 있다. 사람은 무엇인가 할 것이라는 위대한 약속을 항상 할 수 있지만, 머무르기를 통해 개인의 자아존중감은 결코 일을 시작하지 않음으로써 보존된다. 다음 단계로 나아간다는 것은 위협이 되지 않을 것이다. 결코 결혼하지 않는 어떤 남자를 생각해 보자. 머무르기를 통해 독신생활에서의 그의 자아존중감은 청혼을 하였을 때 어떤 여성에 의해 거절되는 위협에서 보호될 수 있다.

③ 주저하기

주저하기는 머무르기에서 어떤 결정을 전혀 하지 않는 것을 제외하고는 머무르기와 밀접한 관련이 있다. 주저하기는 멀리 떨어져 있으면서 안전감을 느끼고 시간을 보내는 것을 목적으로 하는 기제다. 아들러는 주저하기를 '주저하기 그리고 후퇴와 전진'이라고 말하였다. 여기에서 철회는 안전하다. 이러한 방안은 시간을 보내는 것이 목적이다. 강박적인 손 씻기, 다시하기, 이미 끝난 일 망치기, 일을 끝내지 않은 채로 놔두기, 지각하기 혹은 결단을 내리지 못하기 등은 모두 주저하기의 예들이다.

문제에 직면할 때, 어떤 사람은 여러 가지 관점에서 모든 가능성을 궁리하면서 주저하거나 지연시키지만, 이루어지는 것은 아무것도 없다. 그러나 한 개인의 관점에서 이루어진 행동의 실패는 자아존중감을 보호할 수 있다. 주저하기는 어떤 결정이 완전하게 방해되는 것을 제외하고는 꼼짝 않고 있기와 밀접한 관련이 있다. 주저하기의 보호적 양상은 '만약'으로 시작하는 허구에서 나타날 수 있다. "만약 내가 큰 목소리를 가지고 있다면, 위대한 배우가 될 수 있을 텐데." 보통 '만약'의 표현은 단지 유일한 사람만이 변화시킬 수 있는 이룰 수 없는 어려움을 포함하고 있다.

④ **장애물 설치하기**

철회에서 가장 약한 보호 장치가 장애물 설치하기다. 장애물은 쉽게 넘어질 수 있는 하찮은 사람에 비유될 수 있다. 자아존중감은 증상들이 극복될 수 없을 만큼 심하지 않기 때문에 보호될 수 있다. 증상들은 피곤, 불면증, 변비, 장 질환 혹은 두통을 포함한다. 이러한 증상들에서, 개인은 자신이 장애를 극복할 수 있을지를 스스로 검사한다.

자기성장을 위한 〈개인심리학 상담 연습 1〉: 열등감 반응 알아보기

열등감 반응 척도

다음에 제시된 각 문항들을 잘 읽고 최근 여러분의 생각과 상태를 얼마나 잘 나타내는지 고려하여 해당하는 번호에 √ 표 하세요.

열등감 반응	문 항	전혀 그렇지 않다	약간 그렇다	보통 이다	상당히 그렇다	항상 그렇다
타인 비교: 긍정적 반응	1. 나는 얼굴이 다른 사람보다 잘생기지(예쁘지) 않았지만 사람들은 나를 얼굴로만 평가하지는 않는 것 같다.	1	2	3	4	5
	2. 나는 체형(키, 몸무게)이 다른 사람보다 못하지만 이러한 사실이 사람들과 사귀는 데 방해가 되지 않는다.	1	2	3	4	5
	3. 나는 다른 사람과 달리 신체적 결함이 있지만 이것 때문에 사람들 앞에 나서는 것이 두렵지 않다.	1	2	3	4	5
	4. 나는 다른 사람에 비해 건강하지 못하지만 함께할 수 있는 활동에 적극 참여한다.	1	2	3	4	5
	5. 나는 동성의 또래에 비해 성적인 매력이 부족하지만 사람들에게 나의 다른 매력을 보여 줄 수 있다.	1	2	3	4	5
	6. 나는 이성교제 대상으로 다른 사람보다 좋은 조건을 가지고 있지 않지만 이성 친구는 나 자체를 인정해 줄 것이다.	1	2	3	4	5
	7. 나는 다른 사람에 비해 사교성이 떨어지지만 모임에 나가는 것이 즐겁다.	1	2	3	4	5
	8. 나는 학과에서 동기들에 비해 학업 능력이 부족하지만 동기들은 나를 인정해 준다.	1	2	3	4	5
	9. 나는 또래에 비해 낙오되어 가는 것 같다고 생각할 때도 있지만 언젠가는 성공할 수 있음을 믿는다.	1	2	3	4	5
	10. 나는 또래에 비해 능력이 부족하지만 열심히 노력한다면 내가 원하는 직장에서 일할 수 있을 것이라고 생각한다.	1	2	3	4	5

형제 자매 비교: 긍정적 반응	11. 어렸을 때 나는 얼굴이 형제(자매/남매)보다 잘생기지(예쁘지) 않았지만 사람들은 나를 얼굴로만 평가하지 않았다.	1	2	3	4	5
	12. 어렸을 때 나는 체형(키, 몸무게)이 형제(자매/남매)보다 못했지만 사람들을 만나는 것이 즐거웠다.	1	2	3	4	5
	13. 어렸을 때 나는 형제(자매/남매)와 달리 신체적 결함이 있었지만 이것 때문에 사람들 앞에 나서는 것이 불편하지 않았다.	1	2	3	4	5
	14. 어렸을 때 나는 형제(자매/남매)에 비해 건강하지 못했지만 형제(자매/남매)와 함께하는 놀이에 적극 참여했다.	1	2	3	4	5
	15. 어렸을 때 나는 형제(자매/남매)에 비해 사교성이 떨어졌지만 사람들과 잘 지냈다.	1	2	3	4	5
	16. 어렸을 때 나는 형제(자매/남매)에 비해 능력이 부족했지만 가족들은 나를 인정해 주었다.	1	2	3	4	5
	17. 어렸을 때 나는 형제(자매/남매)에 비해 능력이 부족했지만 어떤 일이든지 열심히 노력하면 해낼 수 있으리라고 믿었다.	1	2	3	4	5
	18. 어렸을 때 나는 형제(자매/남매)에 비해 부모님의 사랑을 많이 받지 못했지만 가족들과 함께 있는 것이 즐거웠다.	1	2	3	4	5
타인 비교: 부정적 반응	19. 나는 얼굴이 다른 사람보다 잘생기지(예쁘지) 않아서 인정을 덜 받는 것 같다.	1	2	3	4	5
	20. 나는 체형(키, 몸무게)이 다른 사람보다 못하기 때문에 사람들이 나를 무시하는 것 같다.	1	2	3	4	5
	21. 나는 다른 사람과 달리 신체적 결함이 있어서 사람들 앞에 나서는 것이 불편하다.	1	2	3	4	5
	22. 나는 다른 사람에 비해 건강하지 못해서 함께 활동할 수 있는 경우에도 피하는 편이다.	1	2	3	4	5
	23. 나는 동성의 또래에 비해 성적인 매력이 부족해서 사람들과 함께 있으면 위축된다.	1	2	3	4	5

	24. 나는 이성교제 대상으로 다른 사람보다 좋은 조건을 가지고 있지 않아 이성 친구에게 다가가기가 꺼려진다.	1	2	3	4	5
	25. 나는 다른 사람에 비해 사교성이 떨어져서 모임에 잘 나가지 않는 편이다.	1	2	3	4	5
	26. 나는 학과에서 동기들에 비해 학업능력이 부족해서 동기들은 나의 능력을 믿지 않는 것 같다.	1	2	3	4	5
	27. 나는 또래에 비해 낙오되어 가는 것 같아 어떠한 일도 해낼 수 없을 것 같다.	1	2	3	4	5
	28. 나는 또래에 비해 능력이 부족해서 아무리 노력해도 내가 원하는 직장을 갖지 못할 것이다.	1	2	3	4	5
형제 자매 비교: 부정적 반응	29. 어렸을 때 나는 얼굴이 형제(자매/남매)보다 잘생기지(예쁘지) 않아서 인정을 덜 받았다.	1	2	3	4	5
	30. 어렸을 때 나는 체형(키, 몸무게)이 형제(자매/남매)보다 못해서 사람들과 만나기는 것을 피하곤 했다.	1	2	3	4	5
	31. 어렸을 때 나는 형제(자매/남매)와 달리 신체적 결함이 있어서 사람들 앞에 나서는 것이 불편했다.	1	2	3	4	5
	32. 어렸을 때 나는 형제(자매/남매)에 비해 건강하지 못해서 함께 놀기보다는 혼자 노는 것이 더 좋았다.	1	2	3	4	5
	33. 어렸을 때 나는 형제(자매/남매)에 비해 사교성이 떨어져서 사람들과 잘 지내지 못했다.	1	2	3	4	5
	34. 어렸을 때 나는 형제(자매/남매)에 비해 능력이 부족해서 가족들은 나를 별로 인정해 주지 않았다.	1	2	3	4	5
	35. 어렸을 때 나는 형제(자매/남매)에 비해 능력이 부족해서 내가 뭔가를 잘할 것이라고 생각하지 않았다.	1	2	3	4	5
	36. 어렸을 때 나는 형제(자매/남매)에 비해 부모님의 사랑을 많이 받지 못해서 가족들과 함께 있는 것이 싫었다.	1	2	3	4	5

- 채점 및 해석
  - 열등감 반응(1~36번 합계). 단, 1~18번은 역산 문항이다. 점수가 높을수록 열등감에 대한 부정적 대처 경향이 높고, 점수가 낮을수록 열등감에 대한 긍정적 대처 경향이 높음을 의미한다.
  - 타인 비교 긍정적 반응(1~10번 합계): 점수가 높을수록 타인에 대한 열등감을 극복하여 우월성으로 나아가려는 경향이 높다.
  - 형제자매 비교 긍정적 반응(11~18번 합계): 점수가 높을수록 형제자매에 대한 열등감을 극복하여 우월성으로 나아가려는 경향이 높다.
  - 타인 비교 부정적 반응(19~28번 합계): 점수가 높을수록 타인에 대한 열등감에 의해 열등감 콤플렉스에 빠지는 경향이 높다.
  - 형제자매 비교 긍정적 반응(29~36번 합계): 점수가 높을수록 형제자매에 대한 열등감에 의해 열등감 콤플렉스에 빠지는 경향이 높다.
- 각 요인의 평균(표준편차) – 대학생
  - 타인 비교 긍정적 반응: 2.98(.50)
  - 형제자매 비교 긍정적 반응: 2.53(.45)
  - 타인 비교 부정적 반응: 2.12(.59)
  - 형제자매 비교 부정적 반응: 2.11(.67)
  - 전체: 2.20(.76)
- 출처

  정민, 노안영(2010). 열등감 반응 척도의 개발 및 타당화. **상담 및 심리치료,** 22(2), 351-367.

2 개인심리학 상담과정과 기법

Social interest means "To see with the eyes of another,
to hear with the ears of another,
and to feel with the heart of another."
—Alfred Adler

이 장에서는 아들러의 인간성 이해 및 부적응 이해의 통찰에 의해 개발된 개인심리학 이론에 근거하여 내담자를 조력하는 데 필요한 상담과정과 기법에 대해 살펴보고자 한다.

1. 상담과정

개인심리학 이론에 근거하여 상담을 수행하는 상담자는 먼저 이론 및 기법에 대한 철저한 이해를 해야 한다. 특히 개인심리학 이론을 터득하여 상담을 시도하는 초보 상담자는 아들러 학파가 강조하는 격려를 스스로에게 하면서 상담과정에 따라 조력 활동에 참여하는 것을 주저해서는 안 된다. 초보 상담자는 흔히 '상담을 잘 해서 성공적으로 내담자를 변화시켜야지.' 혹은 '실수해서는 절대 안 돼.'라는 강박적 사고를 가지고 상담에 임한다. 그런데 이러한 상담자들은 상담회기나 상담과정 중에 기대하는 성과를 얻지 못했을 때 상처를 받곤 한다. 아들러학파가 강조하는 '불완전할 용기'라는 말을 상기하면서 내담자에게 최선의 돌봄을 위한 노력을 시도하면 소기의 성과가 이루어질 것이라 본다.

상담자는 상담자 훈련모델로 강조되는 과학자-실천가 모델을 유념하면서 실천적인 상담에 적극적으로 참여해야 한다. 상담자는 실제적 상담활동을 통해 보다 성숙한 상담자로 발전하리라는 확신과 함께 자기격려를 하면서 상담에 임해야 한다. 상담자는 자신이 배운 이론과 기법을 내담자에게 실제 적용하면서 많은 의구심을 가지기도 하며 어려움을 경험하곤 한다. 즉, 내담자를 조력하면서 다양한 긍정적 · 부정적 경험을 하는 과정에서 상담자로서 자신의 능력과 상담 효과에 대한 의구심을 갖게 된다. 이러한 와중에서도 상담자는 변화에 대한 확신을 가지고 일어나는 상황에 유연하게 대처하는 것이 요구된다.

개인심리학 상담자들이 생각하는 상담의 논리를 일반적인 과정에 따라 설명하면 다음과 같다(Manaster & Corsini, 1982, pp. 165-166).

첫째, 상담자는 문제를 이해하려고 노력한다.

둘째, 상담자가 문제의 본질에 대한 이해를 했을 때, 상담자는 내담자의 선택권을 설명하고 구체적인 조언을 한다.

셋째, 내담자는 조언 이면에 있는 이론과 정확히 무엇을 해야 할 것인가에 대해 이해하게 된다. 결국 내담자는 이해를 위한 인지적 자료를 가진다. 상담자는 내담자의 생각을 파악하여 그가 사용하는 논리나 이성을 다룬다. 이러한 단계를 끝마치는 데에는 몇 분 혹은 몇 시간이 걸릴 수 있다.

넷째, 내담자는 지금까지 논의하였던 내용을 행동으로 옮길 준비를 하게 된다. 일반적으로, 제공된 조언이 성공적으로 처리된다.

다섯째, 내담자는 제안된 절차를 시도하고 얻어진 결과를 가져와 보고한다.

이러한 개인심리학 상담과정을 유심히 보면 내담자의 변화를 위해 상담자의 조언이 강조되고 있음을 볼 수 있다. 개인심리학 상담은 개인의 책임감을 강조한다. 즉, 내담자에 대한 철저한 이해를 바탕으로 상담자의 조언이 이루어졌을 때, 내담자는 개인적 책임감을 가지고 자신의 문제를 처리하게 된다.

1) 전형적인 상담과정

아들러의 개인심리학은 아동지도, 부모교육, 그리고 파괴적 생활양식을 가진 사람을 돕는 데 광범위하게 적용되고 있다. 상담자는 상담을 통해 내담자의 생활양식을 파악하여 바람직한 방향으로 생활양식을 바꾸도록 재교육 혹은 재정향을 위해 노력한다.

개인은 각자 자신의 삶을 영위하는 방식인 독특한 생활양식을 가진다. 아들러는 개인의 생활양식이 어린 시절에 형성되어 청소년기 이후에는 거의 변화되기가 힘들다는 입장을 견지하였다. 개인은 나름대로 생존하기 위해 삶의 방식인 자신의 생활양식을 적절하거나 부적절하게 형성한다. 아들러는 어린 시절에 형성한 부적절한 생활양식을 바꾸기 위해서는 상담이나 재교육을 통해 안간힘을 써야만 바꿀 수 있다고 보았다.

아들러의 상담이론을 체계화한 드레이커스(Dreikurs, 1967)는 상담은 생활양식의 변화를 목표로 하는 것이고, 상담의 목표는 현존하는 생활양식 내에서 행동이 변화하는 것이라고 믿었다. 또한 그는 상담의 초기와 종결 시 초기회상에 대한 의미 있는 변화가 일어난다면, 이것은 생활양식의 변화를 반영하는 것이라고 느꼈다.

아들러학파의 상담을 설명하기 위해 드레이커스(1967), 딩크메이어와 스페리(Dinkmeyer & Sperry, 2000)가 제안한 상담과정은 다음과 같이 네 가지 단계로 설명할 수 있다.

(1) 좋은 상담관계 형성

관계형성은 협동적인 관계의 유지가 필수일 뿐만 아니라 상담자의 주의집중이 요구된다. 아들러학파는 상담자와 내담자가 우호적이며 대등한 관계를 형성할 것을 강조한다. 관계형성은 협동적인 관계의 유지가 필수다. 또한 상담자의 관심과 경청을 바탕으로 공감적 관계를 형성한다.

격려는 상담 초기 단계부터 전반적인 상담과정을 통해 낙담한 내담자에게 사용되는 핵심적 구성 요인이다. 스위니(Sweeney, 1998)는 대인관계나 상담에서 사용할 수 있는 일곱 가지 격려 행동을 다음과 같이 제안하였다(Seligman, 2006, pp. 78-79).

- 사람의 수행을 평가하기보다 그들이 현재하는 것에 초점을 두어라.
- 과거나 미래보다 현재에 초점을 두어라.
- 사람보다 행동에 초점을 두어라.
- 결과보다 노력에 초점을 두어라.
- 외적 요인보다 내부에서 비롯된 동기에 초점을 두어라.
- 학습이 안 된 것보다 현재 학습되는 것에 초점을 두어라.
- 부정적인 것보다 긍정적인 것에 초점을 두어라.

(2) 평가 및 분석

내담자에 대한 평가(assessment) 및 분석(analysis)은 초기회상, 가족구도 그리고 꿈을 통해 이루어진다. 즉, 내담자의 역동성을 탐색하여 신념과 감정, 동기와 목표를 이해한다. 상담자는 내담자의 부적절한 생활양식에 영향을 준 요인들을 평가하고 분석한다. 내담자에 대한 평가 및 분석에 사용되는 전형적인 생활양식 조사 영역은 초기회상, 가족구도, 기본적 오류, 자질, 꿈의 내용 등이다. 이와 같은 영역을 조사하여 현재의 부적절한 생활양식을 파악하고 내담자의 역동성을 탐색하여 그의 신념, 감정, 동기 및 목표를 이해한다.

(3) 해석

내담자의 진술에 대한 해석(interpretation)을 한다. 이를 통해 자기이해와 통찰을 촉진한다. 아들러학파의 해석은 생활양식과 관련된다. 이것은 개인의 삶의 방향과 목표에 대한 자각을 일깨우고, 개인적 논리를 각성시키며, 그것이 어떻게 현재 행동에 작용하는지를 알게 해 준다. 즉, 해석을 바탕으로 내담자로 하여금 자신의 잘못된 목표와 자기패배적 행동에 대한 통찰을 발달시킨다.

(4) 재정향

내담자가 새로운 방향을 갖도록 조력한다. 즉, 상담자는 재정향(reorientation)을 통해 내담자로 하여금 목표를 성취할 신념과 행동에서의 변화를 만들도록 한다. 상담자는 내담자의 초기회상, 가족역동성, 꿈에서 도출된 통찰을 바탕으로 이전에 가졌던 비효율적인 신념과 행동에 대해 대안적인 방안을 찾도록 도와준다.

아들러학파는 재정향 기법을 다양하게 사용한다. 상담자는 내담자가 사용하는 무용한 생활양식을 유용한 생활양식으로 바꾸도록 조력한다. 개인심리학 상담자는 내담자로 하여금 유용한 생활양식을 갖도록 하는 데에서 가장 먼저 인지적 변화에 초점을 맞춘다. 내담자가 가진 부정적 사적 논리에서 비롯된 기본적 오류 혹은 비합리적 신념을 파악하여 변화시키는 데 주력한다. 즉, 상담자는 재정향이나 재교육을 통해 내담자가 목표를 성취할 신념과 행동에서의 변화를 만들도록 한다.

이러한 재정향은 에릭슨(Erickson, M.)이 사용한 '틀 바꾸기(reframing)'와 바츨라비크, 위클랜드 그리고 피쉬(Watzlawick, Weakland, & Fish, 1974)가 강조한 '이차적 변화'를 의미한다고 볼 수 있다. '일차적 변화'는 같은 틀 안에서의 변화를 의미하고, '이차적 변화'는 새로운 틀로의 변화를 의미한다.

이러한 4단계의 핵심 내용은 내담자의 잘못된 생활양식을 바꾸어 새로운 생활방식을 갖도록 하는 과정이라고 할 수 있다.

2) 상담과정에서의 격려

개인심리학 상담자는 내담자를 아파서 치료가 필요한 사람으로 보지 않고 낙담된 것으로 본다. 증상은 시도된 해결이다. 상담과정은 낙담된 내담자에게 정보를 제공하고 가르치고 지도하고 격려를 제공하는 것에 맞추어진다. 격려는 개인의 신념을 변화시키는 데 이용되는 가장 영향력 있는 방법이다. 격려는 내담자로 하여금 자신감을 형성하도록 하고 용기를 갖게 해 준다. 용기는 사회적 관심과 일관된 방식으로 두려울 때조차 행동하는 의지다. 용기의 상실, 즉 낙담은 잘못된 역기능적 행동의 결과다. 낙담된 사람은 삶의 유용한 측면에 있는 사회적 관심의 맥락에서 행동하지 않는다(Corey, 2005, p. 101).

개인심리학 상담과정의 단계에서 격려는 주요한 기법이라고 할 수 있다. 격려는 특히 개인이 자신의 삶에서 변화를 고려할 때 중요하다. 격려의 언어학적 의미는 '용기를 갖게 하는 것(to build courage)'이다. 용기는 개인이 자신의 강점을 자각할 때, 소속되어 있어 외롭다고 느끼지 않을 때, 희망을 가질 때, 그리고 자신과 자신의 일상적 삶을 위한 새로운 가능성을 발견할 수 있을 때 발달한다. 내담자는 흔히 자신의 긍정적 특성, 강점 및 내적 자원을 인식하거나 수용하지 않기 때문에, 상담자의 주요한 과업은 내담자가 그러한 자질을 인식하고 수용하도록 조력하는 것이다.

상담과정의 단계에 따라 격려는 여러 가지 형태로 나타난다. 관계형성 단계에서 격려는 상담자가 생성하기를 추구하는 상호 존중으로 나타난다. 부분적으로 개인적 강점을 보여 주려고 설계된 평가 단계에서, 내담자는 그가 자신의 삶에 책임이 있고 새로운 이해를 바탕으로 다른 선택을 할 수 있다는 것을 인식하도록 격려받는다. 재정향 단계 중에서는 새로운 가능성이 생성될 때, 그리고 개인이 자신의 삶을 보다 나은 삶으로 변화시킬 긍정적 단계를 취하는 것이 인정되고 확인될 때 격려가 주어진다(Corey, 2005, pp. 110-111).

사람이 하기에 가장 어려운 일은 자신을 알고 자신을 변화시키는 것이다(Adler, 1927, p. 21). 아들러에게 정신병리는 낙담의 감정, 즉 자신과 세계가 변하지 않는데 왜 시도하는가 하는 감정과 동등하다. 따라서 치료의 주요한 목표는 내담자를 격려하는 것이다. 내담자가 변화가 가능하다고 여기며 노력할 가치가 있다고 느껴야 한다. 노력을 하는 것은 용기를 발휘하는 것이다(Day, 2004, pp. 124-125).

3) 문제파악 전략

효과적인 조력을 위해 내담자의 문제를 신속하고 정확하게 파악하는 것은 무엇보다 중요하다. 개인심리학 상담자는 내담자의 문제파악을 위해 다음과 같은 세 가지 근거를 효율적으로 사용한다.

(1) 사회적 유용성 대 사회적 무용성

내담자의 문제를 파악하는 데 개인심리학 상담자는 '옳은가 아니면 틀린가?' '좋은가 아니면 나쁜가?'에 의해서가 아니라 '유용한가 아니면 무용한가?'에 따라 내담자의 행동을 포괄적으로 이해하려고 시도한다. 특히 개인심리학 상담에서는 인간은 사회적 존재라는 점을 강조하는 개인심리학의 철학적 입장에 따라 우리의 행동이 사회적으로 유용해야 함을 강조한다. 상담자는 단순히 내담자에게 "당신의 행동이 사회적으로 어떻게 유용한가요?"라고 묻거나 "당신의 어떤 행동이 사회적으로 무용한가요?"를 직접적으로 묻는다.

사회적으로 유용한 행동은 개인이 가진 사회적으로 유용한 생활양식에서 비롯된다. 마찬가지로, 사회적으로 무용한 생활양식은 무용한 행동을 초래한다. 개인심리학에서는 사회적으로 무용한 행동을 생성하는 생활방식으로 기생형, 지배형 및 회피형을 들고 있다.

(2) 생애과제 만족도

모든 행동에는 목적이 있다. 개인을 목적론적 존재로 보는 개인심리학의 인간관에 따라 내담자가 추구하는 목적에 근거하여 내담자를 이해하고 그의 문제를 파악할 수 있다. 개인심리학은 내담자의 목적 혹은 목표를 통해 그와 그의 행동을 가장 잘 이해할 수 있다고 본다. 만약 우리가 어떤 사람이 원하는 것을 안다면 우리는 그 사람의 행동을 가장 잘 예언할 수 있다. 상담자는 단순히 내담자에게 "당신이 정말 원하는 것이 무엇입니까?"라고 묻는다.

좀 더 구체적으로, 상담자는 개인심리학에서 가정하는 세 가지 생애과제인 일과 직업, 사랑과 결혼, 사회(우정 혹은 대인관계)에 대한 직접적 질문을 해서 내담자의 문제를 파악할 수 있다.

일과 직업과 관련한 질문으로 상담자는 내담자에게 "당신이 하는 일에 만족하십니까?" "학교생활에 만족하십니까?" "전공에 대해 어떻게 생각하나요?" "자신의 학업성적에 대해 어떻게 생각하나요?" 등을 묻는다.

사랑과 결혼과 관련한 질문으로 상담자는 내담자에게 "당신의 이성관계는 어떠합니까?" "부부관계는 어떠합니까?" "결혼생활에 만족하십니까?" "가족 구성원과의 심리적 거리는 어떠합니까?" 등을 물을 수 있다.

마지막으로 사회와 관련된 질문으로 상담자는 "직장에서 동료들과의 관계는 어떠합니까?" "학교에서 친구관계에 대해 만족합니까?" "당신을 진심으로 이해해 주는 친구가 있습니까?" "당신의 대인관계의 만족도는 어떻습니까?" 등을 내담자에게 물을 수 있다.

(3) 용기, 사회적 관심 및 상식의 결여

아들러는 부적응한 사람은 '용기'가 결여되어 있거나, '사회적 관심'이 부족하거나, '상식'이 부족한 것에서 비롯된다고 보았다. 간단히 말하면 문제가 있는 사람은 다음과 같다. 첫째, 용기가 결여되어 낙담한 사람이다. 둘째, 사회적 관심이 낮아 사회적 무용형의 생활양식을 가진 사람이다. 셋째, 상식이 결여되어 흔히 비정상적인 행동, 즉 이상행동을 하는 사람이다. 따라서 상담자는 내담자에게 이러한 세 가지 중 무엇이 결여되어 있는가를 파악하는 것이 중요하다.

개인심리학 상담은 용기가 부족하여 낙담된 사람에게 용기를 불어넣은 격려치료를 강조한다. 또한 개인이 사회적으로 유용한 행동을 하는 것을 강조하는 것은 사회적 관심과 관련이 있다. 이것은 개인심리학이 인간을 사회적 존재로서 보고 타인과 더불어 살려는 능력을 중요하게 간주하기 때문이다. 다수의 사람이 수용하기 힘든 극단적이고 이상한 행동은 상식에 벗어난 행동이다.

4) 조력양식

개인심리학 상담자는 인간에 대한 전체론 입장을 취한다. 즉, 이들은 개인을 나누어질 수 없는 실체로 이해한다. 개인심리학 상담자는 인간 이해를 위해 인간을 구성하는 주요한 세 가지를 사고(Thoughts: T), 감정(Feelings: F) 그리고 행동(Actions: A)으로 나누어 다룬다. 개인심리학 상담자는 전체론 입장에서 내담자를 조력하지만, 인간 이해를 위해 세 가지 구성 요인에 따라 우선순위를 매기면 TAF다. 개인심리학 상담자의 조력양식이 TAF란 것을 명심하라.

이러한 조력양식을 좀 더 구체적으로 설명하면, 개인심리학 상담자는 행동이나 감정보다 먼저 인지 혹은 생각에 초점을 맞춘다. 만약 내담자가 낙담(F)되어 있고 비효율적인 행동(A)을 한다면 그 원인이 부정확한 아이디어, 기본적 오류 혹은 비합리적 신념이라고 믿는다. 따라서 개인심리학 상담자는 일차적으로 관심을 갖고 공략할 내용은 내담자의 생각(T)이라고 여긴다. 따라서 개인심리학 상담자는 내담자가 생각하는 방식을 파악하고, 잘못된 사고방식이 무엇인지를 찾아내어 바람직한 방향으로 그러한 생각을 바꾸기를 원한다. 변화된 생각은 내담자의 행동(A)에 영향을 미칠 것이다. 마지막으로, 개인심리학 상담자는 이러한 행동 변화가 내담자의 감정(A) 변화를 초래할 것이라고 본다.

2. 상담기법

개인심리학 상담자는 경청하기, 지지하기 그리고 감정 반영하기를 가장 기본적인 상담기법으로 사용하면서 상황에 따라 적합한 다양한 상담기법을 활용한다(Carlson, Watts, & Maniacci, 2006). 아들러의 상담 문헌들에 소개되어 있는 상담기법 중 몇 가지를 소개하면 다음과 같다(강진령, 2009; 김충기, 강봉규, 2001; 노안영, 2005; 윤순임 외, 1995; Carlson, Watts, & Maniacci, 2006; Mosak & Maniacci, 1998).

1) 내담자의 문제 진단하기

개인심리학 상담자는 내담자가 보이는 증상이 신체적인 원인으로 발생한 것인지 아니면 심리적인 원인으로 발생한 것인지를 탐색하기 위하여 기본적으로 다음과 같은 두 가지 기법을 사용한다.

(1) 질문

초기면접에서, 상담자는 내담자에게 "이러한 증상이 없어진다면, 당신의 삶에서 무엇이 달라집니까?"라고 묻는다. 내담자는 대체로 다음과 같은 세 가지 반응 중 하나를 하게 된다. 첫째 반응은 심리적으로 발생한 증상을 반영한다. 공황과 불안 증상을 예로 들면, "이러한 공황장애가 없어지면, 무엇이 달라질까요?"라고 물었을 때 내담자가 "일하러 나갈 수 있을 것 같아요."라고 응답하였다면, 내담자의 공황은 사회적 목적을 드러낸다. 세 가지 생애과제 중 하나를 피하고 있는 것이다. 이런 경우, 상담자는 내담자가 일을 더 잘 준비하도록 도울 것이다. 둘째 반응은 신체적으로 발생한 증상을 나타낸다. 내담자가 "잘 몰라요. 가슴의 압박감과 짧은 호흡을 느끼지 않게 되겠지요."라고 응답한다면, 이 증상은 사회적 목적이 있어 보이지 않으며, 생애과제를 의도적으로 피하고 있지도 않다. 이 경우에는 의료전문가에게 의뢰하는 것이 마땅하다. 셋째는 복합적인 반응이다. 처음에는 신체적으로 발생하였으나, 사회적 목적을 위해 이용되는 경우다. 내담자가 "가슴의 압박감이나 짧은 호흡을 느끼지 않게 되겠지요. 그리고 제 일에 집중할 수 있을 거예요."라고 반응할 수 있다. 이 경우는 의료전문가에게 의뢰하여야 하지만, 신체적인 병리를 자신의 생애과제를 회피하는 데 이용하고 있을 수 있다.

(2) 생활양식과 증상의 일치 여부 확인

내담자의 증상이 생활양식과 일치한다면, 증상은 심리적으로 발생되었을 가능성이 크다. 그렇지 않다면 신체적으로 발생되었을 가능성이 크다. 예를 들어, 다른 사람을 기쁘게 하려는 사람은 자신보다는 다른 사람을 돌보아야 한다는 신념을 가질 수 있다. 이런 사람은 다른 사람을 밀어내려고 하지 않으며, 타인이 보기에 나쁜 행동을 하지 않을 것이다. 만약 다른 사람을 밀어낸다면, 무언가 잘못된 것이다. 상황적 압박을 엄청나게 받고 있거나(예, 누군가 머리에 총을 겨누고 있는 경우), 신체적으로 아파서 그럴 수 있을 것이다(예, 공격성이 뇌종양의 이차적인 것일 수 있다). 즉, 내담자의 증상이 생활양식과 일치하면 심리적으로 생겨난 것이지만, 일치하지 않으면 상황적 또는 신체적인 원인일 수 있다.

2) 갈등해결하기

개인심리학 상담자는 갈등이 개인의 심리내적인 힘에서 나온 것이 아니라, 사람 간 또는 사람과 상황 간에서 일어난다고 본다. 드레이커스는 갈등에 대한 아들러학파의 관점을 잘 보여 주었다. 드레이커스는 내담자에게 가슴 부근에서 손을 잡고 최대한 강하게 당기면서, 무엇이 일어나는지 알아차려 보라고 한다. 손은 중앙에 머물러 있어 오른쪽이건 왼쪽이건 움직이지 않는다. 드레이커스는 손이 왜 어느 한쪽으로 움직이지 않는지 물어본다. 내담자는 '똑같은 반대 힘' 때문이라고 말할 것이다. 드레이커스는 미소를 지으며 그 연습을 그의 말에 따라 다시 해 보라고 한다. "왼쪽으로 당기세요. 자, 오른쪽으로." 손이 움직일 것이다. 손이 똑같은 반대 힘 때문이 아니라 내담자가 그렇게 하기로 선택하였기 때문에 중앙에 있는 것을 깨닫게 한다. 사람은 단순히 자신이 그러한 선택을 하고 있음을 인식하지 않은 것이다. 사람은 왜 내적 갈등을 하기로 선택하고 있는가? 그 이유는 어느 한쪽을 선택하는 것이 자신의 신념 중 하나를 위협한다고 보기 때문이다. 예를 들어, 내담자에게 아내와 여자 친구가 있다고 하자. 그는 갈등을 하면서 어느 한쪽을 선택할 수 없다고 보고한다. 아들러학파는 이 갈등을 해결하는 것은 그를 위험에 빠지게 할 것이라고 말한다. 내담자는 아무도 자신을 거부하지 않아야 한다고 믿는 관심 추구자일 수 있기 때문이다. 그가 갈등 중에 있는 한, 아내와 여자 친구 모두와 관계를 유지할 수 있는 것이다.

갈등해결을 돕기 위해 다음과 같은 기법을 사용할 수 있다.

(1) 빈 의자 기법

'빈 의자 기법'은 게슈탈트 치료 기법으로 알려져 있는데, 개인심리학 상담에서 먼저 언급된 것이다. 이 기법은 단순하고 효과적이다. 두 개의 빈 의자를 내담자에게 제시하고 각 의자에 앉아 잠정적인 결정에 대한 찬반을 논의하도록 요구한다. 한 의자는 찬성을, 다른 의자는 반대를 대표한다. 내담자에게 각 의자에 앉아 논의하면서 드는 느낌을 표현하도록 한다. 내담자가 "다했어요. 더 다른 이유를 생각할 수 없어요."라고 말할 때까지 빈 의자 기법을 적용할 수 있다. 이때 내담자가 어느 쪽으로 결정해야 하는지 알 수 없다고 말하더라도, 마지막으로 앉아 있던 의자는 내담자가 앞으로 하려는 행동 방향을 반영한다. 아들러학파는 마지막에 앉아 있던 의자가 내담자의 내면적인 목적을 반영한다고 믿는다.

(2) 이중구속 해제하기

베이트슨 등(Bateson et al.)이 제안한 이중구속은 두 개의 갈등 메시지를 나타내는 의사소통을 감수하는 상황을 말하는데, 마치 두 마리 토끼를 동시에 잡으려고 하다가 아무것도 잡을 수 없는 것이라고 할 수 있다. 개인심리학 상담에서는 이중구속을 '두 주인'을 기쁘게 하려는 데서 생기는 갈등으로 생각한다. 이는 열등감을 나타내는 것으로서, 과제보다는 자기에 초점을 맞추고 있는 것이다. 따라서 자기 지향이 아니라 과제 지향에 초점을 둠으로써 이중구속을 벗어나게 한다. 예를 들어, 내담자는 아내와 함께 파티에 가면 아내를 기쁘게 해 줄 수 있으나, 자신은 재미없을 것이라고 말한다. TV의 야구경기 중계를 보지 못하기 때문이다. 그가 집에 머물러 야구경기를 본다면, 자신은 기쁘겠지만 아내는 기쁘지 않을 것이다. 내담자는 무엇을 해야 할지 갈등하며, 스스로 만든 이중구속에 빠져든다. 어떤 결정을 하든 잃는 것이 있다. 상담자는 내담자에게 그의 갈등에는 목적이 있음을 지적한다. 내담자가 오랫동안 따지면서 고통스러워하면, 아내는 그에게 동정심을 갖게 되고 그가 집에 있도록 해 줄 것이다. 게다가 결정하는 데 너무 많은 시간이 걸리면, 아내는 그를 놔두고 혼자 외출할 수 있다. 그러면 내담자는 "당신은 나를 비난할 수 없어. 당신이 투덜거리며 나갈 때 나는 결정하려고 했어."라고 말할 수 있다. 상담자는 "자, 당신 말에 따르면, 어떻게 결정하든지 당신이나 아내가 고통받게 되는군요. 답은 고통이 없는 대안을 발견하는 것이 아니군요. 이는 '어떤 고통을 원하는가? 나의 고통 아니면 아내의 고통?'이라고 자신에게 묻는 것이군요."라고 말한다. 즉, 고통을 기정사실화하고, 고통을 완화하는 것에 초점을 두어 해결할 수 있는 상황으로 재구조화하는 하는 것이다.

(3) 확률게임

자기 충족적 예언과 같이 예견한 대로 이루어진다는 관점을 활용한 게임이다. 미래의 어느 시점에서 어떤 행동을 할 확률을 예견하도록 한다. 예를 들면, 아내와 여자 친구 사이에서 갈등을 하고 있는 남자가 있다고 하자. "일 년쯤 후, 길거리에서 당신을 만나게 된다면, 당신이 아내에게 돌아가고 다른 여자를 만나고 있지 않을 확률은 얼마나 될까요?"와 같이 묻는 것이다. 내담자가 아내에게 돌아갈 확률을 75:25로 대답한다면, 상담자는 확률적으로 내담자의 의도를 알게 되는 것이다. 이러한 과정은 내담자가 의사결정을 하는 데 어느 정도 시간이 필요한지를 알아내는 방법이 되기도 한다. "좋아요. 지금부터 6개월 후에는 어떨까요?" "예, 60:40." "3개월 후는요?" "50:50." 이와 같은 대화의 과정에서 적어도 3개월 내에는 아내에게 돌아갈 의사가 없음을 알 수 있다. 이러한 방식으로 상담자는 내담자로 하여금 스스로의 의도를 깨닫게 할 수 있다.

3) 다른 관점 취하기

정신병리의 가장 기본적인 모습은 자기중심성이다. 내담자는 흔히 공동체 의식이나 사회적 관심이 부족하여 나-그들의 이분법적인 모습을 반복적으로 보이면서 문제를 야기한다. 따라서 내담자에게 다른 사람의 관점을 보여 줄 필요가 있다. 이를 위한 몇 가지 기법은 다음과 같다.

(1) 가치위계

가치 있는 것의 순서를 내림차순으로 적게 하는 것은 관점을 넓히는 간단한 방법이다. 부부간 자신의 가치위계와 배우자의 가치위계를 각자 적어 서로 비교해 보는 것도 상대방을 이해하는 데 도움이 된다. 또는 아들러학파에서 중요시하는 생애과제(직업, 사랑과 결혼, 우정, 잘 지내기, 생의 의미 찾기, 여가와 레크리에이션, 부모역할 등)에 대해 각자 가치를 평정하여 서로 비교할 수 있다.

(2) 사회적 결과

내담자가 고집스럽게 고질적인 신념을 고수한다면, 개인심리학 상담자는 모든 사람이 똑같은 고질적인 신념을 주장한다면 어떤 일이 일어날 것인지 생각해 보라고 요청한다. 예를 들어, 내담자가 자신의 입지를 만들기 위하여 모든 것에서 뛰어나야 한다고 믿는다면, 상담자는 모든 사람이 그런 신념을 갖고 있다면 어떤 일이 일어날 것인지 묻는다. 사적 논리를 사회적 맥락에서 살펴보도록 하여 내담자의 관점을 변화할 수 있도록 한다.

(3) 신보다 높은 기준

이 기법은 거부에 과도하게 민감한 내담자에게 특히 효과적이다. 이들은 거절당하는 것을 끔찍하고 죽기보다 싫다고 할 수 있다. 내담자가 신앙심이 깊다면, 다음과 같이 물어볼 수 있다. "당신은 신을 믿습니까? 믿는다면, 신이 가장 완전한 존재임도 믿습니까? 모든 사람이 신을 사랑합니까? 그리고 이들은 항상 신을 사랑합니까? 무신론자도 있습니까? 완벽한 신이라 하더라도 모든 사람이 항상 다 받아들일 수는 없지요? 신이 무신론자들을 용인한다면, 당신도 그럴 수 있습니까? 그렇지 않다면, 당신은 신보다 더 높은 기준을 가지고 있습니까? 어느 누구도 당신을 거부할 수 없습니까?" 이러한 기법은 내담자로 하여금 자신의 비현실적이고 도달할 수 없는 목적을 볼 수 있게 한다.

(4) 어떤 것을 행하지 않은 채 남겨 두기

특히 강박적인 내담자에게 효과적인 기법인데, 내담자의 목적이 효과 없음을 다음과 같은 방식으로 언급한다. "당신이 얼마나 많은 시간을 사용하든, 얼마나 열심히 일하든, 당신이 죽는 날에도 남겨져 있는 것들이 있습니다. 당신이 내일 죽는다면 무엇을 남겨 둘 것인가를 결정하는 것은 어떤가요?" 또는 권위 있는 인물을 기분 상하게 할까 봐 걱정이 많은 젊은이에게 죽는 날까지 여전히 기쁘게 할 수 없을 것 같은 사람이 누구냐고 묻는다. 아버지라고 대답하면, 상담자는 다음과 같이 반응할 수 있다. "당신이 결코 아버지를 기쁘게 할 수 없다면, 왜 오늘 그런 노력을 그만두지 않습니까?" 이는 아버지와의 관계에서 전환점이 되기도 한다.

4) 직면전략

직면은 해석과 더불어 내담자가 잘못 설정한 기본 가정과 목표를 깨닫게 하는 기법이다. 해석과 직면의 주요한 차이는 해석은 즉각적인 반응을 요구하지 않지만, 직면은 즉각적인 반응을 요구한다는 점이다. 아들러학파는 내담자와 좋은 관계를 유지하려면 내담자를 직면할 수 있고 직면해야 한다고 믿는다. 다음은 아들러학파가 즐겨 쓰는 직면의 방법이다.

(1) 언제?

변화하겠다는 생각이 아니라 실제로 행동하여야 상담은 성공할 수 있다. "지금이 아니라면, 언제?" "변화할 것이라고 말했지요. 언제?" "언제 시작하지요?" "왜 지금이 아니지요?" 등의 질문을 통해 행동변화를 강력히 촉진한다.

(2) 즉각적인 행동을 직면하기

"지금 무엇을 하고 있는가?"와 같은 말로 내담자가 이 순간 하고 있는 것을 인식하게 한다. 흔히 언어적 행동과 비언어적 행동 간의 차이를 언급하게 된다. 8세의 한 여자아이가 가족과 함께 상담실을 찾았는데, 많은 상담자들이 치료하지 못했던 머리를 움직이는 틱 때문이었다. 가족 구성원들은 다른 사람보다 '더 착한 사람'이 되고자 하여 왔는데, 이 아이도 자신에게 착한 아이가 되는 목적이 있음을 알게 되었다. 그러나 한편 항상 순응해야 한다는 것에 저항하는 마음도 있음을 알게 되었다. 상담자가 직면하였다. "너의 입은 '예'라고 말하지만, 너의 머리(내담자의 틱을 지칭)는 '아니요'라고 말하는 것 같은데?" 그 후 여자아이의 틱이 없어졌다.

(3) 내담자의 행동을 상담자와 관련짓기

즉각적인 행동을 직면하기와 같은데, 상담자의 감정과 반응을 이용하는 것이다. "당신은 나와 싸우려고 하고 있군요. 그게 당신이 원하는 것입니까?" "나를 불만스럽게 여기고 나에게 도전하는 것 같은 느낌인데, 이게 당신이 나에게서 끌어내려고 하는 것입니까?" "나는 혼란스러운데, 이것이 당신이 의도한 것입니까?'

5) 역설적 전략

역설적 전략은 내담자가 힘들어하는 생각이나 행동에 의도적으로 관심을 가지고 과장하는 것이다. 이를 통하여 내담자가 어떻게 증상을 만들고 있으며, 이러한 증상이 어떤 목적으로 이용되고 있는가를 보여 주려고 한다. 역설적 전략의 몇 가지 예는 다음과 같다.

(1) 역제의

아들러(Adler, 1956)는 역설을 설명하기 위해 역제의(anti-suggestion)를 사용하였다. 아들러는 내담자에게 증상을 더 악화시키도록 지시하곤 하였다. 1900년대 초 비엔나에서는 매독이 주요 문제였는데, 많은 남성 내담자는 매독공포증을 발달시켰다. 그들은 매독공포증 때문에 데이트를 거절하고 여성과 관계를 맺지 않았다. 심지어 어떤 사람은 자신이 매독에 걸렸다고 믿기도 하였다. 수많은 검사로 매독에 걸리지 않았음이 밝혀져도, 다른 사람에게 감염시키지 않기 위해 데이트를 하지 않으려 하였다. 이들은 사랑의 과제를 회피하기 위하여 매독의 공포를 이용하였다. 의사들마다 몇 번이고 매독에 감염되지 않았다고 말했지만, 내담자는 감염되었다고 굳게 믿기도 하였다. 이들은 아들러에게 와서 "모든 의사들이 나는 안전하다고 말하지만, 그들이 무엇을 알겠어요? 만약 의사들이 틀렸다면 어떻게 해요? 내가 다른 여자에게 매독을 옮긴다면 내가 어떻게 살 수 있겠어요?"라고 하였다. 아들러는 "예, 그래요. 아시다시피 검사들이 아주 정확하지는 않지요. 당신이 매독에 걸렸을 수도 있어요. 당신이 그렇게 걱정하는 것이 현명한 거예요."라고 말했다. 이러자 내담자들이 반박하였다. "그렇지만 아들러 박사님, 모든 검사들이 다 잘못될 수는 없잖아요. 내가 매독에 걸리지 않을 수도 있지요." 아들러가 이들과 다툼을 멈추고 공포를 격려하자마자, 이들은 자신의 질병에 대해 의심하기 시작한 것이다.

(2) 증상 쓰기

건강 염려증 때문에 심한 고충을 호소하는 내담자에게 증상이 일어날 때마다 증상을 쓰도록 요청한다면, 이는 부담스러운 과제가 된다. "당신이 몇 가지 정보를 주면 도움이 될 것 같군요. 당신에게 요청하고 싶은 것은 종이와 연필을 항상 가지고 다니면서 증상이 일어날 때마다 증상이 일어난 시각, 그때 당신이 한 일, 당신이 증상을 더 완화시켰는지 악화시켰는지에 대해 쓰는 것입니다. 다음번에 우리가 만날 때, 이에 대해 이야기를 나누고 어느 정도 그 증상에 대해 이해할 수 있는지 알아보지요. 그러고 나면 우리가 증상을 없앨 수 있는지 어떤지 알 수 있을 것입니다." 이럴 경우 내담자들은 거의 다음 회기에 기록을 가져오지 않는다. "내가 그 증상 목록을 쓰게 되면, 다른 일을 할 시간이 없었을 거예요." "그럼 당신은 자신의 증상이 기록하는 과제보다는 중요하지 않다고 생각하는군요. 그러면 어떤 것이 더 중요하지요?" 그런 다음 자신에 대한 책임감이나 관심 추구와 같은 주제로 옮겨 갈 수 있을 것이다. 즉, 증상에 대한 호소를 멈추고 자신의 태도, 감정, 동기 등을 말하기 시작하게 된다.

(3) 수프에 침 뱉기

당신이 누군가의 수프에 침을 뱉는다면, 상대방은 계속 수프를 먹는 것을 선택할 수는 있더라도 더 이상 처음의 맛을 느끼지 못할 것이다. 내담자가 자기 증상의 목적을 이해하게 된다면, 여전히 증상을 이용할 수는 있지만 바라는 효과는 상당히 상실하게 될 것이다. 즉, 내담자가 자기패배적 행동(수프)의 감추어진 동기를 인정하게 함(침 뱉기)으로써 그 유용성을 감소시켜 행동을 제거하는 기법이다. 한 내담자가 독심술을 하거나 꿈을 통해 예언하는 등 초자연적인 일을 할 수 있다고 주장한다. 이 내담자는 다른 사람과 어울리지 않는 이유로서 이를 이용한다. 그들은 다른 사람들이 자신과 다르며 자신을 이해하지 못할 것이라고 한다. 상담자는 내담자가 그런 식으로 인정되기를 바라는 '특별한' 사람임이 분명하다고 해석해 주었다. 이러한 해석은 특별하고 우월하고자 하는 내담자의 목적을 드러내게 하였다. 그 후 내담자는 초자연적인 것에 대한 관심이 급속히 줄어들었고, 사회생활을 회피하는 변명으로 이를 이용하는 것을 중지하였다.

6) 격려전략

격려는 낙담의 반대다. 아들러학파는 내담자가 보이는 모든 역기능적 행동과 증상을 낙담의 결과로 간주한다. 따라서 상담의 전 과정에서 내담자를 격려하는 것을 가장 중요한 중재전략으로 내세운다. 격려는 용기를 북돋아 주는 것이다. 용기있음은 결과가 불확실하더라도 위험을 감수하는 의지가 있음을 의미한다. 낙담한 사람은 위험을 감수하려고 하지 않으며, 열등감을 회피하는 데 지나친 관심을 보이며, 자신의 세계를 급격하게 좁혀 간다. 낙담한 사람에게는 격려가 필요하다. 즉,

내담자에게 세상에 그들의 자리가 있음을 보여 주고, 실패하더라고 소속감을 느끼도록 도와주어야 한다. 이를 위해 상담자는 내담자의 자기개념을 격려하거나 내담자의 자기이상을 격려할 수 있다. 즉, "정말 수고했어."라고 말할 수 있는데, 이는 내담자가 수행한 일에 초점을 맞춤으로써 내담자의 자기개념을 격려할 수 있다. 또한 "이번에는 실패했구나. 그렇지만 다음번에는 성공할 거야."라고 말할 수도 있는데, 이는 내담자가 아직 수행하지 않는 것을 하도록 격려함으로써 내담자의 자기이상을 강화하는 데 도움이 된다. 격려하는 데 도움이 되는 몇 가지 전략은 다음과 같다.

(1) 과거의 경험

내담자가 과거에 도전적인 과제들을 성공적으로 다루었던 경험을 살펴봄으로써 격려할 수 있다. 걷고, 자전거를 타고, 길을 건너는 것 등을 배웠던 것들이 공통적인 예다. "길을 건너는 것을 배울 때를 기억해 보세요. 어렸을 때, 길을 건너는 것이 얼마나 무섭고 위험했어요. 그러나 당신은 해냈잖아요. 그때 무서움 때문에 그만두지 않았지요. 지금도 그만두지 않아야 해요. 그때 보여 주었던 자신에 대한 믿음을 똑같이 지금 보여 주세요."

(2) 마이너스를 플러스로

내담자가 마이너스로 지각하는 것을 플러스로 재구조화할

수 있다. 내담자의 특성, 신념 및 태도가 아니라 내담자가 이를 이용하는 방법이 고통의 원인임을 보여 준다. 내담자의 비판적인 태도를 의사결정을 회피하는 데 이용하는 대신 현명한 의사결정을 하는 데 이용한다면, 이러한 비판적인 태도는 좋은 판단의 표시일 수 있음을 보여 줄 수 있다. 내담자는 이러한 특성을 계속 보유할 수 있고, 이를 친사회적으로 이용하여야 할 뿐이다.

7) 변화전략

개인심리학 상담은 내담자의 지각적인 변화뿐만 아니라 행동적인 변화를 촉구한다. 내담자가 "머리로는 알겠는데 몸이 안 따라가요."라고 말한다면, 이는 내담자가 갈등 상태에 있음을 말한다. 즉, 내담자는 변화하고 싶은 것이 아니라 상담자의 말을 듣고 있지만 여전히 자신의 방식대로 행동하겠다는 생각을 상담자에게 알리고 싶을 뿐이다. 행동변화를 촉진하는 몇 가지 기법은 다음과 같다.

(1) '마치 ~처럼' 행동하기

모든 사람은 자신의 세계에 대해 인지도를 만들어 내는데, 이 인지도는 삶을 살아가는 방법의 안내자로서 기능한다. 그런데 이러한 인지도는 모두 허구다. 즉, 실제 세계와 닮을 수도 닮지 않을 수도 있는 구인일 뿐이다. 사람은 이 인지도가 마치 실제인 것처럼 행동한다. 아들러는 조심(caution), 불안(anxiety)

그리고 우울(depression)의 차이를 다음과 같이 기술하였다. 조심은 마치 두려운 것이 일어날지 모른다는 것처럼 행동하는 것이다. 불안은 마치 두려운 것이 일어날 것처럼 행동하는 것이며, 우울은 마치 두려운 것이 일어난 것처럼 행동하는 것이다. 점점 경직의 정도가 커 가는데, 이는 모두 허구이고 목적이 있는 것이다. 상담자는 이러한 역동을 이용할 수 있는데, 내담자를 격려하여 마치 이러한 두려움이 일어나지 않을 것처럼 행동하도록 할 수 있다. 예를 들어, 내담자가 "내가 현실적인 사람이기만 했다면……."과 같이 말한다고 하자. 다음은 상담자와 내담자의 대화다.

상담자: 다음 주 동안 마치 현실적인 사람인 것처럼 행동하면 좋겠군요.

내담자: 어떻게 해야 할지 모르는데요.

상담자: 실제 생활에서나 영화 또는 책에서 현실적인 사람으로 인상적인 사람이 누구입니까?

내담자: 예, 존 웨인이요.

상담자: 좋아요, 다음 주 동안 어떻게 해야 할지 모르는 상황에 있을 때는 언제나 존 웨인처럼 행동해보세요.

내담자: 나는 현실적인 사람이 아닌데 그렇게 하면 위조품이 되는 거잖아요. 위조품이 되기는 싫어요.

상담자: 나는 당신에게 위조품이 되라고 말하고 있지 않습니다. 연극배우가 무대에 올라가 햄릿인 것처럼 행동한다면, 그를 위조품이라고 하지 않지요. 그는 마치 ~

처럼 행동하고 있는 것이지요. 그것이 다음 주 동안 당신이 하도록 요청한 것입니다.

내담자: 좋아요. 그것을 하면 무엇을 입증할 수 있나요?

상담자: 이것은 아무것도 입증하지 않습니다. 당신이 마치 현실적인 사람인 것처럼 행동하는 것이 무엇인지를 경험하게 하는 기회를 주는 것이지요.

(2) 과업설정/숙제

내담자의 행동변화를 돕는 방법은 다양하며 상담의 전 과정이 내담자의 변화를 촉진하는 것이긴 하지만, 내담자에게 과업을 설정하고 숙제를 부여하는 것도 좋은 방법이다. 과업은 회기 중에, 숙제는 회기 사이에 하게 되는 것을 말한다. 간혹 예외가 있지만, 상담자는 내담자에게 회기 중에 그리고 회기 사이에 할 일을 준다. 과업과 숙제는 같은 과제일 경우가 많다. 회기 중에 하는 연습으로 회기 사이의 수행이 보다 용이할 수 있다. 상담계획에 부합한다면, 내담자에게 친구를 만나거나, 이완하거나, 더 열심히 일하거나, 책을 읽거나, 또는 다른 무엇인가를 하도록 요청할 수 있다. "이번 주 동안 밖에 나가 세 사람과 의미 있는 만남을 가져 보세요." "전에 한 번도 말하지 않았던 것을 누군가에게 말해 보세요." 등과 같이 위험을 감수하는 행동을 하도록 할 수도 있다. 숙제를 잘 완수하게 되면, 내담자의 기대와 불안을 논의하는 것은 유익하며 격려가 된다.

8) 심상전략

심상은 동기화하는 효과적인 방법이다. 내담자는 자신을 어떤 방향으로 움직이는 심상을 만듦으로써 자신을 동기화하곤 한다. 내담자는 자신이 실패하거나 거부당하거나 자존심 상하거나 또는 상처받고 있는 것을 상상한다. 이러한 심상에 대해 작업하는 것은 건설적일 수 있다. 개인심리학 상담에서 주로 사용하는 심상기법은 다음과 같다.

(1) 단추 누르기 기법

아들러는 최초의 인지심리 상담자로 간주된다. 그는 생각이 정서와 행동에 영향을 준다고 믿었다. 우리는 생각을 변화시킴으로써 기분을 변화시킬 수 있다. 개인심리학 상담자는 내담자에게 다음과 같은 실험을 한다. 먼저 즐거웠던 장면을 떠올려 보도록 하고, 그런 다음 우울한 장면을 떠올려 보고, 다시 즐거웠던 장면을 떠올리도록 한다. 이러한 실험을 통하여 생각하는 것에 따라 느껴지는 것이 달라짐을 깨닫게 하여 우울을 통제할 수 있음을 알게 하는 것이다. 내담자는 우울을 만들고 유지하는 데 책임이 있음을 배우게 된다. 그리고 내담자가 우울을 유지할 수 있기 때문에 우울을 제거할 수도 있다. 즉, 내담자는 즐겁지 않은 감정에서 즐거운 감정으로 변환할 수 있는 것이다. 내담자가 이러한 개념을 이해하면, 상담자는 내담자에게 두 가지 심상단추(행복단추와 우울단추)를 집으로 가지고 가라고 한다. 행복단추를 누르면 내담자는 즐거운 생각을 하고 즐거운 느낌을 갖게 될 것이다. 다음 회기에서 여전히 우울하다면, 행복단추를 선택했어야 했는데 왜 우울단추를 선택했는지 물어본다. 이 기법은 우울을 벗어나는 데 도움이 되고, 내담자에게 내적 통제 소재를 회복시키고, 내담자가 자신의 상황에 대해 무엇인가를 할 수 있다는 희망을 준다.

(2) 초기기억 재구성

초기기억은 생활양식을 평가하는 기법으로 사용되지만, 동기화를 위한 심상기법으로도 사용된다. "초기기억을 변화시킬 수 있다면, 어떻게 바꾸고 싶습니까?"라고 질문하여 내담자의 초기기억을 재구성할 수 있다. 초기기억은 전형적으로 내적 또는 외적 통제 소재 중 하나로 재구성된다. 이 차이는 매우 중요한데, 내담자가 자신에 관한 어떤 것도 변화시키지 않고 다른 사람이나 환경을 변화시키면서 초기기억을 재구성하면 외적 통제 소재를 드러내는 것이고, 자신을 변화시키면서 초기기억을 재구성하면 내적 통제를 나타내는 것이다. 또한 각 개인의 정서반응(자기개념)으로 완성된 실제의 초기회상과 내담자가 달라지기를 원했던 모습(자기이상)의 초기회상을 비교할 수 있다. 두 가지를 토의하면서 내담자의 현재의 증상을 유지하는 내담자의 사적 논리를 검토한다.

(3) 이름 붙이기

우리는 정신적인 면에서 사람에게 이름을 붙여 줄 수 있다.

이것이 적절하다면, 내담자는 미소를 지으며 인지반사를 하거나 "바로 나예요."와 같이 말할 것이다. 온후한 태도로 이름을 붙인다면, 이는 내담자가 얻고자 추구하는 목적을 드러내는 좋은 방법이 될 수 있다. '작은 공주' '난폭한 친구' '강하지만 조용한' 등이 그 예다. 항상 바르거나 규율을 지키고자 하는 사람에게 '신(God)'이라고 명명할 수도 있을 것이다.

자기성장을 위한 〈개인심리학 상담 연습 2〉: 생활양식 알아보기

생활양식 검사

다음은 인생과제 중 진로, 이성교제, 대인관계와 관련된 생활양식 문항입니다. 제시된 각 문항들을 잘 읽고 최근 여러분의 생각과 상태를 얼마나 잘 나타내는지를 고려하여 해당하는 번호에 √ 표 하세요.

여기서 제시하는 이성 친구는 이성교제를 위한 남자 친구나 여자 친구를 의미합니다. 가장 최근의 이성교제를 중심으로 답하시면 됩니다. 이성 친구가 없으신 분들은 만약 사귄다면 어떻게 할 것인지 생각하고 답하세요.

생활양식	문항	전혀 그렇지 않다	약간 그렇다	상당히 그렇다	매우 그렇다
진로	1. 어떤 직업이 내 적성에 맞는지 잘 모르겠다.	1	2	3	4
	2. 나에게 호감을 주는 직업을 아직 발견하지 못했다.	1	2	3	4
	3. 장래 어떤 일을 할 것인지 아직 정하지 못했다.	1	2	3	4
	4. 나중에 후회하지 않도록 매사를 충실히 하고 있다.	1	2	3	4
	5. 목표를 이루기 위해 현재 하고 있는 공부를 열심히 하고 있다.	1	2	3	4
	6. 내가 원하는 직업에 대한 정보를 수집하고 있다.	1	2	3	4
	7. 내가 계획한 진로와 관련된 자료를 얻는 데 관심이 많다.	1	2	3	4
	8. 나의 능력을 고려해서 나에게 적합한 직업이 무엇인지 신중히 생각해 본 적이 있다.	1	2	3	4
	9. 장기적인 진로 계획을 세우고 있다.	1	2	3	4
	10. 진로 결정이 주변 사람들(친구, 선후배)의 의견에 따라 바뀌는 경향이 있다.	1	2	3	4
이성교제	11. 현재 나의 이성교제 상태에 만족한다.	1	2	3	4
	12. 이성 친구에게 나의 고민거리를 이야기한다.	1	2	3	4
	13. 이성 친구의 기분을 이해하고 공감하기 위해 노력한다.	1	2	3	4
	14. 이성 친구를 이해하려고 노력한다.	1	2	3	4
	15. 이성 친구에게 친밀감을 느낀다.	1	2	3	4
	16. 이성 친구는 나를 이해하고 있는 것 같다.	1	2	3	4

	17. 이성 친구와 공통된 관심사(취미, 흥미)를 쉽게 찾을 수 있다.	1	2	3	4
	18. 이성교제를 하는 것이 두렵다.	1	2	3	4
	19. 이성 친구와 함께 있으면 불안하다.	1	2	3	4
	20. 나의 이성교제가 실패로 끝날까 봐 걱정된다.	1	2	3	4
대인관계	21. 친구들과 문제가 생겼을 때 문제를 해결하기 위해 내가 먼저 노력한다.	1	2	3	4
	22. 주위 사람들을 잘 도와준다.	1	2	3	4
	23. 다른 사람들과 함께 있는 것이 즐겁다.	1	2	3	4
	24. 주위 사람들의 마음이나 생각을 이해한다.	1	2	3	4
	25. 내 친구들에 대해 대체로 잘 알고 있다.	1	2	3	4
	26. 주위 사람들로부터 대인관계가 좋다는 말을 듣는다.	1	2	3	4
	27. 친구가 힘들어 할 때 찾아가서 친구를 위로한다.	1	2	3	4
	28. 대인관계의 어려움 때문에 집단에 소속되기가 힘들다.	1	2	3	4
	29. 내가 속한 집단의 동료들과 어울리는 것이 나에게는 스트레스다.	1	2	3	4
	30. 다른 사람들과 어울리는 자리를 피한다.	1	2	3	4

- 각 요인의 평균(표준편차)–대학생
  - –진로: 2.76(.54)
  - –이성교제: 3.02(.38)
  - –대인관계: 2.69(.59)
  - –전체: 3.06(.39)
- 출처

정민, 노안영 (2008). 축약형 생활양식 검사의 타당화. **한국심리학회지: 건강, 13**(3), 801–813.

3 개인심리학 상담의 핵심 도구

Children need encouragement as a plant needs sun and water.
—Rudolf Dreikurs

개인심리학 상담자는 일반적으로 먼저 내담자와 관계형성을 확립한 후 그의 생활양식을 파악하여 내담자를 이해시킨다. 그런 다음 상담자는 내담자의 부적절한 생활양식을 재정향시키기 위하여 다양한 기법을 사용한다. 이 장에서는 이러한 개인심리학 상담에서 상담자가 필수적으로 알아야 할 생활양식, 격려 그리고 논리적 결과에 대해 살펴보고자 한다.

1. 생활양식

아들러는 개인은 자신이 형성한 생활양식에 의해 이 세상을 살아간다고 보았다. 또한 그는 개인은 독특한 존재이기 때문에 엄밀한 의미에서 개인이 갖는 생활양식도 독특하다고 보았다. 개인심리학 상담자는 내담자의 부적절한 생활양식을 바람직한 방향으로 재정향시키려고 노력한다. 여기서는 개인심리학 상담자가 알아야 할 주요 개념인 생활양식에 대해 살펴본다.

1) 개념 및 발달

생활양식은 아들러의 개인심리학 이론에서 중요한 개념의 하나인데, 보통 개인이 자신의 목표를 추구하기 위해 선택하는 독특한 삶의 방식으로서 그 의미를 규정하고 있다. 생활양식은 단일 개념이 아니고 인간 성격의 다양한 측면과 관계된다. 생활양식은 때로는 문제해결의 방식으로서, 때로는 삶에 대한 태도로서, 때로는 삶의 목적 달성을 위한 수단으로서 기술되기도 한다. 아들러도 자신의 여러 저서를 통하여 다양한 방식으로 생활양식을 설명하고 있다. 아들러에 따르면, 각 개인은 생활양식을 창조하는 힘을 가지고 있으며, 유전적 · 환경적 요인은 생활양식의 결정에 중요한 선행 요인이 되기는 하지만 그것만으로 생활양식이 결정되는 것은 아니다. 생활양식의 방향은 자신의 내적 추구에 의해 결정된다. 일터에서, 집에서 혹은 사회에서 성공적이지 못한 매우 무능한 생활양식을 가질 수도 있고, 멋진 성격으로 표현되는 적합하고 성공적인 생활양식을 가질 수도 있다. 아들러는 생활양식을 다음과 같이 정의하면서 통합성을 강조하고 있다. "각 개인에 있어, 즉 그의 생각, 감정, 행동 내에서, 그의 의식과 무의식 내에서, 그의 성격의 모든 표현 내에서 통합이다. …… 우리는 이러한 자기 일관된 통합을 생활양식이라 부른다."

아들러에 따르면, 기본적인 생활양식은 생애 초기에 형성된다. 생활양식이 초기 아동기에 형성되면 보통 변화되지 않고 남게 되지만, 이는 변화가 불가능하다는 것을 의미하지는 않는다. 아들러는 아동의 창조적인 힘은 생활양식을 변화시켜 갈 수 있다는 입장이다. 아들러의 개인심리학에서 제안하는 상담과정의 핵심도 내담자의 생활양식을 탐색하고 해석하고 재정향하도록 돕는 데 초점을 둔다. 이는 아들러의 개인심리학이 인간의 행동을 이해하는 데 생활양식에 초점을 두고 있다는 것을 의미한다.

2) 초기기억

아들러학파는 개인의 생활양식을 평가하는 다양한 방법을 발전시켜 왔다. 내담자의 생활양식에 관한 정보를 얻는 대표적인 방법으로는 사례발달사, 심리면접, 표현된 행동관찰, 심리검사, 가족구도, 초기기억, 집단 작업, 증상 행동 등을 들 수 있다. 가장 이상적인 생활양식 평가는 이러한 모든 방법을 활용하여 정보를 얻는 것이지만, 현실적으로 모든 방법을 다 활용하기는 어렵다. 따라서 가족구도, 초기기억, 행동관찰이 생활양식 평가 자료의 주요한 원천으로 제시되기도 한다. 특히 초기기억은 회상하는 데 내담자의 저항이 거의 없고 투사적 특성이 있어서 생활양식을 탐색하기 위한 매우 중요한 방법으로 활용되어 왔다. 기억은 선택적이기 때문에 사람은 개인의 목적에 일치하는 기억을 선택적으로 활용하므로 어릴 적 기억을 회상하더라도 여기에는 현재 개인의 사적 논리, 기대, 목적 등이 반영된다. 따라서 초기기억은 현재의 마음 상태에 영향을 받게 되며, 이러한 투사적 특성 때문에 내담자의 생활양식을 이해하는 매우 좋은 방법이 된다. 생활양식이 변하면 초기기억의 변화를 가져온다. 아들러학파는 많은 연구를 통하여 초기기억을 자신들의 고유한 이론적 개념으로 정착시켜 왔다.

초기기억을 분류하거나 다양한 성격 측면들과의 관계를 밝히려는 연구들이 계속되어 왔다. 예를 들면, 초기기억을 통해 비행의 본질을 탐색한 한 연구에서 비행청소년 집단은 통제집단과 초기기억에서 차이를 보였는데, 비행집단의 초기기억에는 일반적으로 심각한 규칙 파괴와 개인적 상해, 신뢰감 및 통제력의 부족 등이 나타났다. 그 밖에 초기기억과 물질 관련 장애, 정신장애, 불안장애, 섭식장애, 품행장애, 청소년 문제, 반사회적 성격장애 및 신경증 장애와의 관계에 대한 다양한 연구들이 보고되었다. 이러한 많은 연구들은 초기기억의 진단적인 가치를 높이는 데 기여하였으며, 초기기억에 대한 보다 많은 정보가 축적될수록 내담자의 생활양식을 보다 풍부하게 이해할 수 있을 것이다.

초기기억과 관련하여 파악해야 할 내용은 다음과 같다.

- 개인이 능동적인가, 수동적인가?
- 관찰자인가, 참여자인가?
- 주고 있는가, 받고 있는가?

- 전진하는가, 후퇴하는가?
- 주위 환경과 관련하여 신체적 자세는 무엇인가?
- 혼자인가, 같이 있는가?
- 사람, 사물 및 아이디어에 관심이 있는가?
- 자신을 타인과 어떤 관계 속에 위치시키는가? 열등한가, 우월한가?
- 어떤 정서를 활용하는가?
- 사건이나 결과에 대해 어떤 감정적 색조가 작용하는가?
- 기술하는 내용이 구체적이며 색깔이 언급되는가?
- 권위, 종속, 남자, 여자, 노인, 젊은이 등과 같은 고정관념이 드러나는가?
- 사건의 본질을 포착하는 '표제어'를 준비하라.
- 주제와 전반적인 형태를 찾아라.
- 가족구도 정보에서 증거를 찾아라.

3) 가족구도

(1) 출생순위

아들러는 개인의 생활양식에 기여하는 요인으로 가족구도에서의 출생순위를 매우 강조하였다. 그는 기본적으로 주요 출생순위를 첫째 아이, 둘째(중간) 아이, 막내, 독자 등 네 가지로 구분하였다.

① 첫째 아이

첫째 아이는 매우 독특한 위치를 갖는다. 처음에는 독자로 출발하기 때문에 부모의 모든 사랑과 관심을 받는다. 그러나 동생이 태어나 가족의 구성원이 되었을 때 부모의 사랑과 관심을 동생에게 빼앗기는 새로운 상황에 적응하도록 강요받는다. 이때 부모가 첫째 아이에게 충분한 관심을 계속 주지 않으면 문제가 생기게 된다. 둘째 아이가 가족에 들어옴에 따라 첫째 아이는 아들러가 지적한 '폐위된 왕'이 된다. 보통 이러한 폐위는 정상적인 열등감을 심화시킨다. 둘째 아이의 출생에 대한 준비가 없게 되면 나중에 첫째 아이를 신경증, 알코올 중독, 범죄자 혹은 성적 일탈자로 만들 수 있다. 정신적 열등감은 아마도 잃어버린 제국을 다시 찾으려는 투쟁에서 공격성과 자만심을 포함한 다양한 방식으로 힘을 추구하도록 할 것이다.

긍정적인 측면에서 보면, 어린 동생이 약하기 때문에 첫째 아이는 리더가 되기도 한다. 생애 초기에 권력을 가졌고, 이후에 이를 잃어버려서 다시 권력을 찾으려고 노력해야 하기 때문에 첫째 아이는 권위의 중요성을 더 잘 이해할 것이다. 상실로 고통을 받았기 때문에 첫째 아이는 동생에 대해 더 동정적일 가능성이 있다. 아들러의 유형론에 따른다면, 첫째 아이가 사회적으로 유용한 사람이 되지 않는다면 지배형이 될 가능성이 높다.

② 둘째(중간) 아이

둘째 아이에게 가장 두드러진 특성은 경쟁이다. 이들에게 삶은 따라잡으려는 끊임없는 경주다. 아들러는 둘째 아이들은 공통적으로 달리는 꿈을 꾼다고 보고하였다. 어떤 경우에는 '적을 이길 수 없으면 한 편이 되어라.' 라는 강한 협력의 태도를 발전시킬 수 있다. 반면에 경쟁의 태도가 너무 강하여 혁명가가 될 수도 있다. 아들러는 일반적으로 둘째 아이가 유리한 위치에 있으며, 성격장애가 최소한으로 나타난다고 여겼다. 아들러 자신도 둘째였음을 상기할 필요가 있다.

③ 막내

막내는 과잉보호될 가능성이 가장 크다. 더 나이 든 형제자매들은 심리적으로 자신들이 가진 모든 것을 막내에게 주면서 응석을 받아 주고 과보호할 수 있기 때문이다. 아들러는 이러한 과잉보호는 막내를 과도하게 의존적으로 혹은 문제아로 만들 수 있다고 생각했다.

하지만 아들러는 매우 긍정적인 측면에서 막내가 정상에 서는 영웅이 되기 위하여 더 나이 든 형제자매들을 능가하고 앞지르는 사례들을 인용하였다. 그는 막내가 승자가 되는 많은 우화를 언급하였다. 그럼에도 과잉보호될 가능성이 크기 때문에, 아들러는 문제 아동 중에서 막내가 두 번째로 높은 비율을 차지한다고 하였다.

④ 독자

독자는 막내처럼 매우 애지중지 양육된다. 아마 독자를 잃을까 하는 걱정 때문에, 또는 어떠한 이유로든지 부모는 단 한 명의 자식만을 가질 수 있다는 점을 실감하기 때문이다. 독자는 가족 내에서 경쟁할 사람이 없기 때문에 경쟁자가 될 가능성이 적다. 대신에 독자는 관심의 중심이 되고 자신의 중요성에 대해 과장된 견해를 발전시킨다. 아들러는 독자가 전형적으로 소심하고 의존적이라는 데 동의한다. 아들러는 독자를 잃어버릴까 봐 불안해하는 부모의 태도가 독자에게 전달된다고 생각하였다.

출생순위에 관한 아들러의 가정들의 타당성을 검증하기 위한 많은 연구들이 수행되었다. 출생순위와 군대에서의 힘의 구조 간의 관계를 다룬 문헌을 분석한 연구에서 육군 장성과 해군제독들 중에 첫째 아이의 비율이 상당히 높게 나타났다. 또 다른 연구에서 우수한 해군 비행조종사의 67%와 공군에서 성공한 조종사의 80%가 첫째 아이라는 것이 드러났다. 네덜란드의 약 40만 가지 사례를 통해 수행된 한 연구에서 출생순위와 지적 수행력 간에 상당히 긍정적인 상관이 있음이 밝혀졌다. 즉, 첫째 아이가 더 지적이라는 것이다. 그 밖에 많은 연구가 수행되었는데, 일부 연구 결과들은 아들러의 주장과 상반되게 나타나기도 했지만 일반적으로 아들러의 이론의 많은 부분을 지지하고 있다.

(2) 형제자매에 대한 기술

- 당신과 가장 다른 형제는? 어떤 점에서 다른가?
- 당신과 가장 닮은 형제는? 어떤 점에서 닮았는가?
- 당신은 어떤 아동이었는가?
- 다른 형제자매들을 기술하시오.

(3) 특성의 평정

- 지능
- 열심히 공부하기
- 높은 학교 성적
- 집안일 돕기
- 동조적인
- 반항하는
- 남을 기쁘게 하는
- 자신의 길을 가는
- 유머감
- 높은 성취 기준
- 가장 버릇없는
- 가장 벌을 많이 받은

(4) 형제들 간 상호관계

- 누가 누구를 돌보았는가?
- 누가 누구와 놀았는가?

- 어머니가 좋아한 형제는 누구인가? 아버지가 좋아한 형제는 누구인가?
- 어느 형제가 가장 사이좋게 지냈으며 어느 형제가 가장 많이 싸웠는가?

(5) 부모에 대한 기술

- 당신이 출생 시 부모의 연령은?
- 각각의 부모는 어떤 사람이었는가? 직업은 무엇인가?
- 어머니와 가장 닮은 형제는 누구인가? 아버지와 가장 닮은 형제는 누구인가? 어떤 점에서 닮았는가?
- 어머니와 아버지의 관계는 어떠했는가?
- 부모 중 누가 자녀에 대한 야망이 컸는가? 어떤 방식으로 표현되었는가?
- 당신과 함께 생활하였거나 당신에게 중요한 영향을 미친 다른 어떤 사람이 있었는가?

4) 행동관찰

아들러는 "모든 행동에는 목적이 있다."고 하였다. 개인심리학 상담자는 내담자의 행동관찰을 통해 내담자가 의도하는 진정한 목적이 무엇인가를 파악한다. 행동관찰은 개인의 행동이 구체적인 상황에서 변하기는 하지만 특정 활동방식은 변하지 않음을 확증하는 데 기여한다. 행동관찰을 통해 이면에 작용하고 있는 사적 논리를 파악한다. 부적절한 사적 논리는 기본적 오류를 나타낸다.

5) 생활양식의 유형

생활양식은 개인마다 고유한 방식으로 발달하기 때문에 모든 개인은 서로 다른 고유한 생활양식을 갖는다. 따라서 각 개인의 고유한 생활양식을 범주화하는 순간 개인의 고유성이 사라지기 때문에 생활양식을 범주화하는 것은 개인의 생활양식을 이해하는 적절한 방법이 아니다. 그러나 연구 등의 목적으로 각 개인의 생활양식에 나타나는 공통성을 중심으로 생활양식을 분류하거나 범주화하기도 한다. 그동안 생활양식에서 공통적인 주제 혹은 패턴을 발견하려는 시도가 있어 왔다.

아들러는 개인의 활동성과 사회적 관심의 높고 낮음에 따라 생활양식을 네 가지 유형, 즉 사회적 유용형, 지배형, 기생형 및 회피형으로 분류하였다. 사회적 유용형은 활동성과 사회적 관심이 모두 높은 경우로서 가장 이상적인 유형이다. 아들러는 인간의 본성을 사회적인 맥락에서 찾았는데, 개인의 삶은 사회 공동체를 벗어날 수 없다. 아들러는 이러한 공동체적 태도나 의식을 사회적 관심이라 칭하였고, 아들러의 개인심리학은 사회적 관심의 발달을 중요시하였다. 네 가지 유형 중 사회적 유용형만 사회적 관심이 높은 경우이고, 나머지 세 가지 유형은 모두 사회적 관심이 낮은 경우에 해당한다. 지배형은 사회적 관심이 낮고 활동성이 높을 때 나타나고, 기생형과 회피형은 사회적 관심이 낮고 활동성도 낮을 때 나타난다. 이 세 가지 유형에 속하는 사람은 다양한 문제를 나타내게 된다. 아들러에 따르면, 사회적 관심이 높고 활동성이 낮은 유형은 존재하지 않는다. 왜냐하면 사회적 관심은 어느 정도의 활동성을 전제한다고 생각했기 때문이다.

6) 잘못된 생활양식

아들러는 잘못된 생활양식을 열등한 생활양식, 과잉보호된 생활양식 그리고 양육태만된 생활양식으로 구분하였다.

(1) 열등한 생활양식

열등한 생활양식은 보통 비정상적인 기관열등감 때문에 시작한다. 그것이 유전적이든 질병 혹은 상해의 결과이든 간에 기관열등감으로부터 비정상적인 열등감 콤플렉스를 갖게 된다. 이들은 항상 열등한 기관에 모든 마음을 쓰고 있다. 따라서 자기 이외의 것에 주의를 기울일 여유가 없고, 타인에게 관심을 가질 시간도 없다. 그 결과, 소심해지고 자신감이나 사회적 관심이 낮아지게 된다. 이들은 마치 적들 속에서 살고 있는 것처럼 느끼며, 성공하기를 바라는 것보다 실패를 더 많이 두려워한다. 열등한 생활양식은 우월감 콤플렉스의 형태를 취할 수도 있다.

(2) 과잉보호된 생활양식

과잉보호된 생활양식은 의심할 여지없이 가장 일반적인 잘못된 생활양식이다. 양육태만으로 자라는 아동보다는 과보호 혹은 응석받이로 양육되는 아동이 많은데, 과잉보호된 아동은 사회적 관심이 부족하고 활동 수준이 낮다. 따라서 이들은 기생형 혹은 회피형이 될 수 있다. 과잉보호된 생활양식을 가진 사람은 신경증에 걸릴 가능성이 높다. 과잉보호된 아동은 다른 사람이 자신을 돌보아 주기를 기대한다. 이들은 보호받고자 하며, 자신의 욕구가 채워지기를 바란다. 성인이 되어도 어렸을 때 어머니가 해 주었던 것처럼 세상이 자신의 응석을 받아 줄 것을 기대한다. 과잉보호는 사회, 직업, 사랑이라는 세 가지 생애과제에서도 나타난다. 이들의 태도는 극단적으로 자기중심적이다. 이들은 '내가 너를 위해 무엇을 할 수 있을까보다 네가 나를 위해 무엇을 할 수 있을까?' 하는 태도를 보이기 때문에 일반적으로 친구가 없다. 사랑과 성관계에서도 마찬가지다. 성관계에서 상대방의 만족은 전혀 고려하지 않고 단지 자신의 쾌락만을 추구한다. 직업에 대한 포부에서도 함께 일하는 사람이나 회사의 이익을 고려하지 않고 완전히 개인적이다.

애지중지 키운 아동은 너무 지나친 사랑 때문에 고통받는 것이 아니라 과잉보호와 응석받이 때문에 고통을 당한다. 결과적으로 이들은 자립심이나 자신감을 배울 수 없다. 아동기 때조차 이들은 동정심과 관심을 받고자 하는 욕망을 충족시키기 위해 떼쓰기, 오줌 싸기, 심한 불안과 같은 병리적인 방법을 활용하게 된다. 아들러는 프로이트와 달리 오이디푸스 콤플렉스를 과잉보호의 결과로 해석하였다. 이는 때때로 어머니가 과도하게 응석받이로 키우거나 아버지가 무관심한 결과일 수 있다. 또한 아들러는 어머니 자신과 함께 아버지에게 대항하도록 자녀를 이끌려는 어머니의 욕망으로부터 생길 수 있다고 설명하였다.

(3) 양육태만된 생활양식

양육태만된 생활양식은 부모가 원치 않았던 아이, 부모로부터 거부된 아동에게서 나타난다. 이들은 부모의 사랑이 부족하다고 느끼며, 극단적인 경우에는 증오감을 느낀다. 물론 아동이 유아기에 어느 정도 보호와 관심을 받았다면 완전히 거부된 느낌은 갖지 않을 수 있다. 양육태만된 아동은 원치 않은 아이였다는 것이 특징적이다. 돌봄이 최소한으로 이루어지는 고아원 같은 기관에서 양육된 아동은 양육태만된 생활양식을 발달시키는 경향이 있다. 가족 규모가 매우 클 경우에도 몇몇 아동은 양육태만될 가능성이 있다.

어떤 경우에는 양육태만된 아동이 신체적으로나 정신적으로 학대받기도 한다. 이들은 두들겨 맞거나 무시될 수 있다. 이러한 생활양식은 다른 사람에 대해 악의적으로 표출된다. 이들은 아동기에도 비협조적이고 긍정적 감정이 부족하다. 애정을 받아 본 적이 없기 때문에 성인이 되어도 다른 사람을 사랑하는 데 결함을 지닌다. 최근에 학대받은 아동에 대한 글이 많이 쓰였는데, 아동을 학대하는 성인은 자신이 아동이었을 때 이미 학대 받았던 경험이 있다는 점에 대체로 동의한다.

다른 잘못된 생활양식과 같이 이들은 사회적 관심이 부족하다. 이들의 활동수준은 높거나 낮을 수 있어 지배형이 되거나 기생형 혹은 회피형이 될 수 있다. 증오와 함께 양육태만된 사람은 복수를 노린다. 이들은 세상을 적으로 간주한다. 결과적으로 이들은 생활환경에 대해 적의를 갖게 된다. 이들은 함께 일하기 어려운 사람이 되고, 불평불만 자가 되며, 일반적으로 이들의 삶은 비뚤어지게 된다. 아들러는 양육태만된 아동의 특징을 다음과 같이 요약하였다.

양육태만된 아동은 사랑과 협동이 무엇인지를 전혀 알지 못한다. 삶에 대한 해석에 우호적인 힘이 포함되지 않는다. 또한 삶의 문제에 직면하게 될 때, 문제의 어려움을 과대평가하고 다른 사람의 도움과 선의를 받아들일 수 있는 자신의 능력을 과소평가한다. 이들은 사회가 자신에게 차갑다는 것을 알고 항상 사회는 차가울 것으로 예견할 것이다. 특히 이들은 애정을 받는다거나, 다른 사람에게 유용한 행동을 함으로써 존중받을 수 있다는 점을 알지 못한다. 따라서 이들은 다른 사람과 자신을 신뢰할 수 없다.

2. 격려

인간에게 격려(encouragement)는 공기처럼 생명을 유지하는데 필요한 기본적인 요소다. 드레이커스는 "식물에게 물이 필요하듯, 인간에게는 격려가 필요하다."고 하였다. 또한 그는 모든 사람은 다른 사람이 자신에게 어떻게 행동하느냐에 따라서 기분이 좋아지거나 나빠질 수 있다고 믿었다. 홈(Holme, C.)은 "우리는 격려로 살아간다. 격려가 없다면 슬프게, 불만족으로 가득 차 서서히 죽게 된다."고 하였다. 사람은 일상생활, 즉 가정, 학교나 직장에서 다른 사람의 기를 북돋아 주거나 꺾으면서 살아가고 있다. 개인은 자신이 만나는 사람에게 부분적으로 격려를 하거나 부분적으로 기를 꺾으면서 낙담을 시키기도 한다. 그리고 언제, 어디에서, 누구에게, 어떻게 격려를 하고 또 낙담을 시키는지를 잘 모른다.

격려는 타인에게 용기를 불어넣음으로써 기를 북돋아 주는 행위를 말한다. 격려의 반대는 낙담으로, 이는 타인의 기를 죽이고 낙담시킴으로써 두려움의 정서를 갖게 하는 것이다. 격려는 개인심리학 상담에서 중요한 교육적 도구 중 하나다. 개인심리학 상담가는 다양한 학습을 통해 대상 세계에 대한 지적인 이해를 이루고 격려를 통해서 이러한 지식들을 실행할 수 있는 용기를 북돋아 주는 것에 초점을 맞춘다. 여기서는 아들러의 개인심리학 상담에서 강조하는 격려의 개념과 격려하는 사람의 특징을 살펴보고, 행동주의적 보상의 개념으로서의 칭찬과 격려의 차이점과 그의 기술을 소개하고자 한다.

1) 격려의 이해

웹스터 사전은 격려를 "용기와 희망, 새로운 정신을 갖게 함으로써 다른 사람에게 생기를 불어넣는 행동"이라고 정의한다.

격려의 핵심적인 개념은 용기다. 용기를 키워 나가는 데 가장 큰 장애물은 용기와 대조되는 정서인 두려움이다. 격려는 용기를 북돋아 주는 것이며, 낙담은 기를 꺾어 두려움을 갖게 하는 것이다. 격려받은 사람은 용기를 가지고 비록 위험하다고 하더라도 기꺼이 앞으로 나아간다. 그러나 기가 꺾인 낙담한 사람은 두려움 속에서 자신의 능력이 부족하다는 느낌을 키우며, 삶의 과제를 회피하고, 자기의 세계 속에 빠져 들어간다.

딩크마이어와 로손시(Dinkmeyer & Losoncy, 1996)는 격려를 다음과 같이 정의하고 있다.

> 격려는 긍정적으로 변화하도록 개인의 내적 자원과 용기의 발달을 촉진시키는 과정이다. 격려하는 사람은 낙담한 사람이 자기자신에게 부과한 장애물을 제거하도록 조력한다. 그래서 격려의 목표는 개인이 '나는 할 수 없어.'를 연상시키는 인생관으로부터 더 생산적인 '나는 할 수 있어.'로 변화하도록 돕는 것이다(p. 7).

인간은 초기의 인생경험에서 환경과의 관계를 통해서 자아를 발달시킨다. 환경으로부터 지속적인 격려를 받게 되면, 긍정적 자기평가를 통해서 성공과 행복에 대한 기대를 갖게 되고, 능력 있고 사랑스러운 인간으로 성공하게 될 것이라는 높은 자아존중감을 스스로 형성하게 된다(Sweeney, 1998). 이들은 자기에게 주어진 상황을 극복할 수 있고, 자기에게 주어진

과제를 성공적으로 수행할 수 있다는 신념이나 기대를 갖게 되는 자기효능감이 증가된다. 특히 이들은 용기를 갖고 사회에 나가게 되며, 이기적이기보다는 이타적인 사람으로서 높은 책임감을 소유하며, 타인과 함께 기꺼이 다른 사람의 행복을 위해서 헌신함으로써 높은 사회적 관심을 가지게 된다.

이에 반해 아동이 생애 초기에 형제간의 비교를 통해서 판단하거나 평가하는 위협적인 환경에서 부정적인 피드백을 받게 되면, 부정적인 자기평가를 하게 되고 열등감을 느끼거나 자아에 대해서 부정적인 개념을 형성할 가능성이 높다(Sweeney, 1998). 이들은 용기가 없고 낙담하여 세상에 대한 두려움으로 자신은 성공할 수 없다는 부정적 정서인 낮은 자아존중감을 갖게 된다. 또한 순간의 충동적 욕구나 행동을 자기 스스로 통제할 수 없는 낮은 자기통제력을 갖게 되어, 자기에게 주어진 상황을 극복할 수 없다고 생각하게 된다. 이들은 용기를 갖지 못하기 때문에 사회에 나가기를 두려워하며 스스로 할 수 있는 일이 없다고 생각하게 되고, 낮은 사회적 관심으로 자기의 이익만을 생각하게 되는 이기적인 사람이 된다(Sweeney, 1998). [그림 2]는 격려와 관련된 개념들을 격려와 낙담과 관련하여 정리한 것이다.

격려는 인간의 모든 대인관계의 토대가 되는 개념이며, 인간 권리의 기본이 되는 보편적 개념이다. 이와 관련하여 딩크마이어와 로슨시(1996)는 "격려는 모든 긍정적인 개인적 관계 및

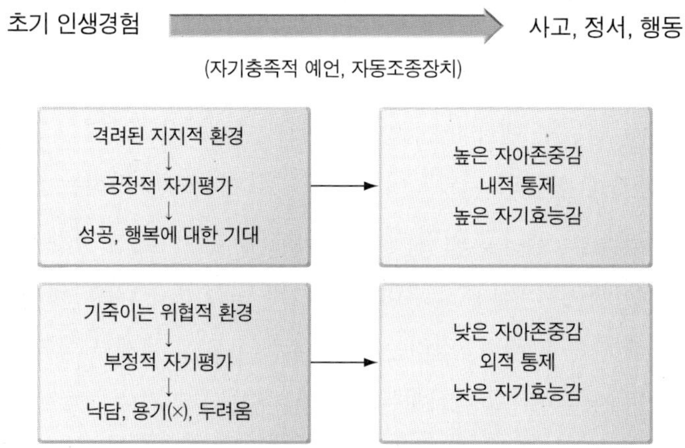

[그림 2] 격려와 자아존중감, 통제, 자기효능감과의 관계

전문적 관계의 핵심적 요인이므로 사람들에게 긍정적 행동을 하도록 개인의 내적 자원과 용기의 발달을 촉진시키는 과정이다."라고 하였다. 드레이커스는 다른 사람을 격려하기 전에 불안전할 수 있는 용기를 발전시키고 소중하게 받아들일 필요가 있다고 하였다. 격려 행위는 노력, 향상, 그리고 과제를 달성하는 데 들어간 기여를 인정한다.

그룬발트와 맥아비(Grunwald & McAbee, 1985)는 격려는 상호 존중, 평등, 이해와 신념을 토대로 이루어진다고 하였다. 또한 격려의 행위는 개인의 강점, 자질 그리고 자산에 초점을 맞춤으로써 개인이 가지고 있는 내적 잠재력을 이끌어 내는 데 관심을 갖는다(Dinkmeyer & Losoncy, 1996). 그리고 과업을 성취하는 데에서 결과보다는 과정에서의 노력, 향상 그리고 기여에 대해서 인식하는 것에 관심을 갖는다(Dreikurs & Grey, 1968; McKay, 1992).

격려 행위는 행동과 사고에 뒤따르는 강화라기보다는 행위와 인지에 선행되는 자극이다(Noda, 2000). 또한 격려는 일에 대한 보상도 아니고 어떤 행동에 대해 긍정적이면서 평가적인 칭찬은 더욱더 아니다. 격려는 개인의 내적 또는 외적 세계를 연결해 주는 다리다. 격려는 내적 세계와 외적 세계를 함께 끌어당겨 자극하고 동기화하는 역할을 하며, 우리가 추구하는 목적지에 이르게 하는 통로다.

아들러의 개념은 영성과 잘 통합되는데, 아들러는 인간 존재의 유일함은 영혼의 존재라고 기술하였다. 격려는 영혼을 양육하는 방법이다. 많은 아들러 연구자들은 격려를 하는 의사소통 방법으로 경청하기, 이해하고 반응하기, 판단하지 않기, 인내심 유지하기, 강점과 자산에 초점 맞추기 등을 말하고 있다(Noda, 2000). 이러한 격려의 방법은 다양한 신념체계의 관점에서 볼 때 조화를 이룬다. 또 인간을 소중하게 여기는 것이 격려의 본질적 특성이다.

2) 격려의 중요성

우리는 일상생활에서 사람들과 접촉하면서 그들을 격려하거나 기죽이는 방향으로 행동하게 된다. 개인은 자신의 기가 꺾일 때 용기를 잃는 경향이 있고, 다른 사람을 기죽일 때 자신을 더욱 기죽이는 경향이 있다. 마찬가지로 타인을 격려할 때 다른 사람을 도우면서 자신이 하게 되는 긍정적 기여가 자신의 '내적 용기'를 발달시킨다는 것을 깨달음으로써 자신도 격려받는다. 이는 다른 사람을 무시할수록 자신이 더욱 높아진다는 통속적인 신념과는 정반대다. 예를 들어, 의학에 해박한 지식을 가지고 있지만 환자에게 불친절하고 비인간적인 의사가 있다면, 그 의사는 환자의 독특한 세계와 경험에 대해서는 아주 무관심할 수 있고 환자는 그런 의사 앞에서는 기가 죽게 될 것이다. 세상에 대한 모든 지식은 인간에 대한 이해가 결핍된 둔감한 사람의 입장에서는 쓸모없는 것이다.

또한 교사의 지식과 능력이 뛰어나지만 감성적 능력이 결핍되어 있어서 학생들과 인간적인 교류를 하지 않는 사람이 있다면, 아마 그 교사는 자기 앞에 있는 학생들을 기죽게 하고 학생들은 위협받는다고 느낄 것이다. 그가 박식한 사람이라는 사실을 알고 있지만 그럼에도 불구하고 학생은 그에게 배우려고 하지 않을 것이고, 그 교사가 가르치는 과목에 흥미를 갖지 않을 것이다.

그러나 이들이 격려기술을 가지고 있다면 소중한 만남과 함께 훌륭한 인술을 실천하게 될 것이고, 치유의 효과는 배가 될 것이다. 또한 열중하지 못하는 많은 학생이 격려를 통해서 열광과 흥분을 느끼는 방향으로 훌륭한 학습을 이루게 할 수 있을 것이다.

다음 모델은 격려의 중요성을 실증하는 예다.

전문적 기술들 (의사, 간호사, 교사, 변호사 등)	+	**격려기술들** (의사소통, 존경, 온화함, 성실성)	=	가장 성공적이고 긍정적인 당신

3) 격려와 칭찬

격려는 칭찬과 비교할 수 있다. 격려와 달리 칭찬은 행동주의의 보상적 개념이다. 『칭찬은 고래도 춤추게 한다』(켄 블랜차드 저, 조천제 역, 2002)라는 책은 전형적인 보상적 개념을 구체화한 것이다. 칭찬은 결과에 초점을 맞추기 때문에 경쟁관계에서 최선의 성취를 한 단 한 사람만이 주목의 대상인 주인공이 되고, 다른 모든 사람은 관심 밖에 놓이게 되어 주인공을 제외한 모든 사람은 소외감을 갖게 될 수도 있다. 그러나 격려는 인본주의와 관련된 개념으로 경쟁관계에서도 모든 사람이 최선을 다하는 과정에 초점을 두기 때문에 한 사람을 대상으로 격려한다고 하더라도 참여한 모든 사람, 즉 전체가 고양되고 자극받는다. 격려와 칭찬은 성공한 사람이나 실패한 사람 모두에게 제공해 줄 수는 있다. 하지만 칭찬은 실패한 사람에게는 적용할 수 없고, 격려는 성공을 거두지 못한 사람에게도 이루어질 수 있다. 〈표 1〉은 격려와 칭찬을 서로 비교한 것이다(Taylor, 1979).

〈표 1〉 격려와 칭찬의 비교

격려	칭찬
모든 사람의 이익을 위한 기여와 협동을 자극한다.	경쟁을 자극한다.
노력과 기쁨의 양에 초점을 둔다.	수행의 질에 초점을 둔다.
개인 혹은 행위의 평가를 거의 하지 않는다. 개인은 수용되고 있음을 느낀다.	평가적 및 판단적: 개인은 판단되고 있다고 느낀다.
타인을 해치지 않고 자기관심을 조장한다.	타인을 희생하여 이기심을 조장한다.
구체적 기여의 강조: "네가 이런 방법으로 도왔다."	개인의 전반적 평가에 대한 강조: "네가 다른 사람들보다 낫다."
시도한 사람들을 만든다.	중도 탈락자들을 만든다.
불완전의 수용을 조장한다.	실패의 두려움을 조장한다.
자기충족성과 독립성을 조장한다.	의존성을 조장한다(촉진한다).

〈표 1〉을 통해 알 수 있듯이, 격려는 칭찬보다 중요하다. 이런 점에서 교사와 부모는 학생과 자녀에게 칭찬하기보다 격려하기를 생활화하는 것이 요구된다. 딩크메이어와 드레이커스(1963)가 교사와 부모가 학생을 격려할 때 유념해야 할 내용으로 제안한 아홉 가지 내용은 다음과 같다.

- 있는 그대로로서 학생에게 가치를 두어라.
- 학생에 대한 신념을 보이고 학생이 자신에 대한 신념을 갖도록 한다.
- 학생의 능력을 진실로 믿고 그가 자아존중감을 형성하는 동안 그의 자신감을 북돋아 준다.
- 하는 일이 잘 됐다는 것을 인식하고 그의 노력을 인정해

준다.

- 학생의 발달을 촉진하고 향상시키기 위해 학급집단을 활용한다.
- 학생 개개인이 집단에서 자신의 자리를 확신할 수 있도록 집단을 통합한다.
- 성공을 보장하기 위해 계속적으로 기술의 발달을 조력한다.
- 강점과 자질을 인식하고 초점을 둔다.
- 건설적 활동에 힘을 쏟도록 학생의 관심을 이용한다.

4) 격려와 지도력

격려한다는 것은 자주 주목과 인정을 받지 못하는 타인에게 긍정적인 신념을 드러냄으로써 차이를 만드는 리더가 되는 것을 말한다. 격려는 공적이기보다는 사적인 경향이 있기 때문에 격려의 가치를 당연한 것으로 여기거나 그냥 지나쳐 버리기도 한다. 그렇지만 격려는 언어적 · 행동적으로 드러날 수 있으며, 대개는 배려와 공감을 비언어적으로 전달하는 태도에 의해서 가장 잘 표현된다.

격려는 자아존중감과 자기확신을 형성하도록 돕기 위해 개인의 자원과 잠재력에 초점을 맞추는 과정이다. 격려는 용기와 확신을 갖는 데 필요한 기술의 적용을 통해서 현실화될 수 있다.

격려하는 리더는 다음과 같은 기술을 사용한다.

- 주의 깊게 경청한다.
- 공감적으로 반응한다.
- 존경과 열정을 보낸다.
- 강점, 자질 및 자원에 초점을 맞춘다.
- 어떤 특성에 대한 긍정적인 대안을 찾는다.
- 균형 잡힌 전망과 유머를 통해 도전과제를 바라본다.

격려하는 사람은 삶이 살 만한 가치가 있고, 개인으로 하여금 절망보다는 희망을 갖도록 하고, 삶 속에서 직면하는 유일한 적은 두려움이라는 생각으로 삶에 긍정성과 확실성으로 용기를 불어넣어 준다. '당신은 어떠한 때에 최선을 다해서 노력을 하는가?' '당신이 어떤 목적을 달성했을 때, 그 사실을 가장 먼저 말해 주고 싶은 사람은 누구인가?'

- 당신의 삶 속에서 기를 살려 주는 사람과 기를 꺾는 사람은 누구인가?
  대부분의 격려자가 가지고 있는 공통된 패턴이 있는가?
  격려자의 특징들을 구체적으로 써 보자.

  ____

  ____

- 그렇다면, 우리를 기죽게 하는 사람들이 가지고 있는 공통된 특성들은 무엇인가? 우리를 기죽게 하는 사람들의 공

통된 특징들을 써 보자.

____

____

전적으로 기를 살려 주는 사람과 전적으로 기죽이는 사람은 없다. 격려의 목적은 기죽이는 특성으로부터 격려하는 특성으로 변화하도록 하는 것이다.

〈표 2〉는 격려하는 사람과 기죽이는 사람들의 몇 가지 특성들이다(Dinkmeyer & Losoncy, 1996).

〈표 2〉 격려하는 사람과 기죽이는 사람의 비교

격려하는 사람	기죽이는 사람
효율적인 경청	비효율적인 경청
긍정성에 초점을 맞춤	부정성에 초점을 맞춤
협동하기	경쟁하기, 비교하기
수용하기	위협하기
유머, 희망의 사용	빈정댐, 당혹하게 함
자극을 줌	창피를 줌
노력과 향상을 인식	잘 이루어진 과제만을 인식
느낌에 관심	느낌에 무관심
오직 존재에 가치를 둠	수행에 가치를 둠

또한 격려하는 사람은 타인의 노력에 대하여 언급할 때 그들의 행동에 대하여 가치판단이 되지 않도록 매우 조심스럽게 사용한다. 일반적으로 사람들은 자주 칭찬하는 방식으로 긍정적

인 언급을 하고, 그래서 사람을 돕기보다는 우리의 가치나 의견을 표현하는 것이 본질적인 것이라고 믿는다.

격려하는 사람은 자신의 말에서 "좋아." "잘 했어." "정말 잘 했어."와 같은 가치가 실려 있는 단어들을 사용하지 않기 위해 노력한다. 그들은 칭찬의 단어들을 격려의 특별한 의미를 표현하는 말로 바꾸어 말한다. 격려하는 사람은 자주 수용하는 말, 확신을 나타내는 말, 기여 · 자산 · 인정을 나타내는 말, 노력과 향상을 특별히 인식하는 말을 즐겨 사용한다.

(1) 수용하는 말

"당신의 일 처리 방식이 내 맘에 들어요."

"문제를 해결하려고 노력하는 당신의 모습이 보기 좋아요."

"당신이 그것에 만족하는 게 기뻐요."

"당신이 만족하지 않는데, 내가 어떻게 당신이 그 일에 만족할 수 있도록 하죠?"

"일을 즐기는 당신의 모습이 보기에 좋군요."

(2) 확신을 나타내는 말

"당신도 알다시피, 나는 당신이 그 일을 잘할 수 있을 거라고 확신해요."

"당신은 그 일을 기어이 해내고야 말 거예요."

"나는 당신의 판단을 믿어요."

"어려운 일이기는 하지만, 나는 당신이 그것을 완수하리라고 확신해요."

"당신은 그것을 잘 해결할 거예요."

(3) 기여, 자산 및 인정에 초점을 맞추는 말

"많은 도움을 줘서 고맙습니다."

"……에 대한 당신의 사려 깊음에 감사합니다."

"제가 일을 쉽게 처리할 수 있도록 해 주어서 진심으로 감사합니다."

"나는 ……에 대한 당신의 도움이 필요합니다."

(4) 노력과 향상을 특별히 인식하는 말

"당신은 그 일에 참으로 고생하고 있군요."

"그 일을 위해 많은 시간을 심사숙고하고 있군요."

"당신은 계속해서 노력하고 있군요."

"당신에게 이루어졌던 진전을 보세요."

"당신은 계속 향상되고 있군요."

"당신은 목표에 도달하였는지 느낄 수 없겠지만, 얼마나 많은 성취가 있었는지 보세요."

5) 격려기술

격려는 삶의 철학이다. 가정, 학교, 조직이 격려하는 방식으로 기능하도록 하기 위해서는 많은 노력이 필요하다. *The Skills of Encouragement* (Dinkmeyer & Losoncy, 1996)에 소개된 격려

기술을 간단하게 소개하면 다음과 같다.

- 스스로 행복감 느끼기
- 관계형성을 위한 경청기술
- 이해를 통한 반응기술
- 장점, 강점과 자원에 초점을 맞추기
- 연대감 형성을 위한 일치기술
- 에너지 창출을 위한 열정기술
- 지각적 대안 기술
- 분위기를 부드럽게 하는 유머
- 낙담시키는 신념들을 인식하기
- 노력과 기여에 초점을 두기
- 긍정적인 대안 찾기
- 자기격려하기

3. 논리적 결과

개인이 속한 사회에서 적절하게 생활하고 기능하기 위해서는 사회생활의 논리를 존중하지 않으면 안 된다. 타인을 존중하고 배려하는 기본적인 규칙이 없다면 사회가 기능할 수 없다. 이러한 규칙들은 아동으로 하여금 자신의 행동과 그 행동의 결과들 간의 관계를 이해하도록 하는 데 중요한 동반자가 될 수 있다. 사회 질서는 일반적인 수준에서 작용하는 일련의 규칙들로 구성되는데, 아동이나 성인 모두가 사회에서 적절하게 기능하기 위해서는 이러한 규칙들을 학습하고 따르지 않으면 안 된다.

독재적인 가정이나 교실에서 부모나 교사는 이러한 규칙이나 규제들을 가르치는 데 어려움이 없다. 그러나 민주적인 가정이나 교실에서는 그렇지 못하다. 오늘날 부모나 교사들은 더 이상 아동으로 하여금 적절하게 행동하도록 만들 수 없다. 아동에게 협동하도록 가르치고 동기화시키기 위한 새로운 방법들이 요구되는 현실이다. 때리고 굴욕감을 느끼게 하는 것과 같은 벌주는 방식은 이미 낡고 비효과적인 훈육 방식이다. 아동은 벌과 자신의 문제행동 간의 관련성을 이해하지 못하기 때문에 앙갚음을 한다. 따라서 아동이 협동하도록 동기화시키고 더욱 수용적인 행동을 하도록 하기 위해서는 다른 기법들을 사용해야 한다. 이런 측면에서 아동으로 하여금 자신의 행동에 대한 논리적 결과를 경험하도록 할 것을 제안한다. 아동은 논리적 결과를 자신의 일탈행동과 연결시킬 수 있다. 여기서는 개인심리학 상담이론의 핵심 개념의 하나로서 제안된 논리적 결과와 관련된 개념들을 살펴본다.

1) 자연적 결과

자연적 결과란 사람이 자신의 행동에 대한 예기치 않은 결과에 직면하게 되는 자연적인 사건의 흐름을 의미한다. 예를 들면, 자동차에 기름을 넣지 않으면 얼마 못가서 자동차가 멈춰선다거나, 늦잠을 자면 학교에 지각한다거나, 달리다 넘어지면

무릎이 깨지게 된다거나 하는 것이다. 이러한 결과는 개인의 사회적 지위나 조건에 관계없이 모든 사람에게 동일하게 적용되며, 다른 사람의 개입 없이 자연스럽게 발생된다. 이러한 자연적 결과를 통해 개인은 자연의 질서에 대한 중요한 교훈을 배우고 자신의 행동에 대한 책임을 수용할 수 있다. 아동은 이러한 자연적 결과를 경험함으로써 자기훈육감, 책임감 그리고 내적 동기화를 발달시킨다. 부모나 교사는 일단 자연적 결과를 경험한 아동에게 벌을 추가하지 않는 것이 좋다. 벌은 자연적 결과에 따른 상처에 단지 모욕감을 더해 줄 뿐이며, 아동이 자연적 결과로부터 배운다는 교훈이 감소될 수 있다.

자연적 결과는 우리의 행동에 강력한 영향을 주지만 한계를 가지고 있다. 서너 살짜리 아이가 복잡한 차도로 뛰어드는 행동과 같이 자연적 결과를 통해 교훈을 얻기에는 너무 위험부담이 크거나, 현재 행동의 결과가 너무 먼 장래에 나타나서 자연적 결과에 대해 인식할 수 없을 경우, 혹은 개인이 취한 행동의 결과에 의해 다른 사람이 부정적 영향을 받을 경우에는 자연적 결과에 의존할 수 없다.

2) 논리적 결과

논리적 결과는 다른 사람(부모나 교사와 같은)이 의도적으로 개입하여 특정 행동에 대한 대가로서 경험하게 하는 사회적 결과를 의미하며, 그 적용 면에서 자연적 결과보다 훨씬 복잡하다. 여기서 주어지는 결과가 행동과 논리적으로 관련된다는 측면에서 '논리적'이라고 표현된다. 따라서 논리적 결과는 다른 사람이 개입하여 특정 행동과 관련된 사회 질서를 배우도록 하는 것이 목적이라고 볼 수 있다. 이때 특정 행동에 주어지는 논리적 결과가 개입한 사람에 의해 '일방적으로 정해지는 경우'와 관련된 사람들의 토론 과정을 거쳐 '합의된 경우'로 구분하여 제시되기도 한다. 예를 들면, 철수가 교실 바닥에 물감을 엎질렀고 교사가 철수에게 엎질러진 물감을 깨끗이 닦아내도록 말했다면 이는 전자에 해당된다. 이 경우는 보통 일회성의 절차다. 나중에 교사와 철수가 물감을 엎지른 행동에 대해 토의하고 그 결과에 대해 합의한다면(혹은 학급 학생들이 교실 바닥에 물감이 엎질러졌을 때 어떻게 해야 하는가를 토의하여 그 결과에 합의한다면) 결과가 동일하게 적용됨에도 불구하고 후자의 경우에 해당하게 된다. 보편적으로 논리적 결과는 후자를 의미하는 경우가 대부분이다. 논리적 결과들은 안내되고 합의된다. 그것들은 토의되어야 하고, 아동에 의해 이해되고 수용되지 않으면 안 된다. 논리적 결과들이 사용될 때, 아동은 자신이 살고 있는 사회 질서에 대한 경험을 통하여 적절한 행동을 하도록 동기화된다. 논리적 결과는 행동에 뒤따르는 피할 수 없는 결과는 아니다. 사회적 관계 안에서 논리적 결과의 적용은 상호 권리와 상호 존중을 배우게 하고 자신의 잘못된 행동에 대해 논리적으로 뒤따르는 결과가 있다는 것을 알게 한다.

논리적 결과가 성공적으로 실행되기 위해서는 다음의 몇 가지 사항을 고려해야 한다. 먼저, 관련자들이 분노의 감정을 경험하고 있을 때 논리적 결과의 사용은 비효과적일 수 있다. 화를 내면서 논리적 결과를 경험하게 하는 것은 받는 사람 입장에서 논리적 결과를 보복이나 벌로 받아들일 가능성을 증가시키기 때문이다. 이러한 경우에 아들러학파는 상황이 진정될 때까지 힘겨루기에서 한 걸음 물러날 것을 권유한다. 이를 위한 간단하면서도 효과적인 방법의 하나는 욕실로 가는 것이다(욕실 기법). 논리적 결과는 우호적인 태도와 협력적인 관계 속에서 적용될 때 효과적이다.

논리적 결과의 성공적 실행을 위한 또 다른 측면은 개인에게 선택권을 주는 것이다. 선택권을 줄 때 나타나는 마법은 가끔 이러한 방법에 익숙하지 않은 사람들을 놀라게 한다. 개인이 때때로 영향력과 선택권을 조금이라도 갖고 있다는 것을 인식하는 것만으로도 방어와 저항을 누그러뜨릴 수 있다. 어떤 상황에 대해 통제력을 갖고 있다고 생각하는 사람은 그렇지 않는 사람보다 덜 고통스러워하며, 개인이 그릇된 행동을 할 때에도 그것은 자신이 취할 수 있는 여러 행동들 중 하나를 선택한 것이므로 그에 합당한 대가를 치러야 한다는 것을 받아들이기가 더 쉽다. 이는 궁극적으로 바람직하고 긍정적인 방법을 선택할 수 있도록 돕는다.

끊임없이 의자를 뒤쪽으로 흔들어 대는 학생 때문에 귀찮아하는 한 교사의 사례는 이와 같은 측면을 잘 보여 준다. 반복적인 경고에도 불구하고 그 학생은 의자의 두 다리를 뒤쪽으로 기울여 앉았다. 결국 교사는 그 학생에게 다른 학생들처럼 의자 다리를 모두 붙이고 앉고 싶은지, 아니면 의자를 기울여서 반드시 두 다리로만 앉고 싶은지 물어 보았다. 학생은 두 다리를 이용해서 앉고 싶다고 했다. 교사는 의자의 앞 두 다리에 책 두 권을 놓아서 안전하지만 불편한 각을 이루도록 뒤로 기울였다. 얼마 후에 학생은 의자 앞 다리에 두었던 책을 치웠고 더 이상 문제를 일으키지 않았다.

논리적 결과를 성공적으로 실행하는 데 중요한 세 번째 측면은 말이 아닌 행동으로 보여 주는 것이다. 말이 아닌 행동이 오해를 덜 일으킨다. 이 사례에서 일단 선택이 된 후에 교사는 더 이상 아무 말도 하지 않았다. 특히 학생이 의자 앞 다리에 놓아 두었던 책을 치우고 의자를 바로 하고 앉았을 때 교사는 다른 일에만 집중함으로써 그 학생의 행동에 관심이 없음을 분명히 하였다. 만약에 그 교사가 어떤 말을 했다면 설령 좋은 의도로 했을지라도 오해받을 수도 있었을 것이다.

아동이건 성인이건 사람은 일단 협조하는 것이 자신에게 이익이 된다고 생각하면 조용히 협조적인 자세를 취한다. 논리적 결과의 성공적인 실행을 위해 고려해야 할 네 번째 측면은 반드시 치러야 할 대가가 개인의 그릇된 행동과 논리적으로 관련되어야 한다는 것이다. 결과의 정당성을 이해하게 되면 원망하지 않고 결과를 수용할 수 있지만, 결과로 부과된 내용이 개인의 행동과 직접적으로 관련이 없을 때에는 처벌로 여기게 된다.

마지막으로, 논리적 결과는 일관성 있게 사용될 때에만 효과를 나타낼 수 있다. 한두 차례 논리적 결과를 적용한 후에 동일한 상황에서 논리적 결과가 무시된 채 지나친다면 아동은 이러한 일관성 없음을 악용하려 할 것이다. 마치 물에 손을 담그면 손이 물에 젖어 나오듯이 아동으로 하여금 잘못된 행동에는 반드시 결과가 뒤따른다는 것을 확신하도록 논리적 결과가 적용되지 않으면 안 된다.

논리적 결과는 분별없는 행동에 수반되는 부정적 결과라는 점에서 종종 처벌과 유사하지만 몇 가지 측면에서 명백한 차이가 있다. 〈표 3〉의 내용은 논리적 결과와 처벌의 차이를 구분하는 데 도움이 될 것이다.

〈표 3〉 논리적 결과와 처벌의 비교

논리적 결과	처 벌
개인이 아닌 상황의 사회적 질서라는 실재를 나타냄	개인적 권위라는 힘을 나타냄
그릇된 행동과 논리적으로 연결	그릇된 행동과 결과 간의 관계가 논리적이지 못하고 임의적임
도덕적 판단의 요소를 포함하지 않음	도덕적 판단을 불가피하게 포함함
지금 일어난 것에만 관심	과거에 관심
관계와 분위기가 우호적임	명시적이든 암시적이든 화를 표출함
분노감 최소화	분노감이 빈번하게 나타남
내재적 동기화 및 자기훈육을 발달시킴	외재적 동기에 의존
굴복이나 모욕감 없음	굴복이나 모욕감 수반
일정 한계 내에서 선택의 자유	대안이나 선택의 여지가 없음
결과를 수용할 수 있음	단지 참는 것임
사려 깊고 신중함	종종 충동적임
받는 사람이 자신을 중요하게 느낌	받는 사람이 자신을 하찮게 느낌
선택은 단지 한 번만 주어짐	종종 끊임없는 잔소리 포함
행동 사용	말과 강요 사용

3) 교정으로서 논리적 결과

논리적 결과의 개념은 그 자체가 목적이 아니라 오직 당면한 상황에 대처하기 위한 교정 방식임을 명심해야 한다. 모든 경우에 아동으로 하여금 왜 지금처럼 행동했는지, 이러한 행동이 지금까지 어떻게 '성공'(그의 입장에서)을 가져다주었는지, 그것이 다른 사람에게 어떤 영향을 주는지, 그리고 더욱 수용적인 행동 방식을 통하여 어떻게 지위를 획득할 수 있는지에 대해서 이해하도록 도움을 주지 않으면 안 된다.

부모나 교사는 하루 혹은 이틀 동안 자연적 · 논리적 결과를 적용한 후에 기적이 일어나기를 기대한다. 대부분의 경우에 아동이 예전 행동 패턴을 바꾸는 데에는 며칠보다 훨씬 더 긴 시간을 필요로 한다. 부모나 교사가 확실한 변화를 목격할 수 없어서 낙담하여 이전의 훈육 방식으로 돌아갈지도 모른다. 부모나 교사에게는 논리적 결과들을 사용하는 방법이 비효과적인 훈육 방식으로 보일지 모른다. 그러나 이것은 불행한 일이다. 아동이 성공하기를 원한다면 인내심을 가져야만 한다. 과정에서는 때로 실망할지 모르지만 결국에는 성공하게 될 것이다.

논리적 결과들은 부대적인 조건이 없이 사용되어야 한다. 만일 부모나 교사가 자신의 소망에 아동이 따르도록 강요할 의도를 가지고 논리적 결과들을 사용한다거나, 아동 스스로의 선택을 기꺼이 수용하지 않는다거나, 논리적 결과의 사용을 통하여 상황을 조작하려고 시도한다면 아동은 이를 알아차리게 될 것이다. 그래서 긍정적인 행동 변화와 지속적인 효과 대신에 아동은 강하게 저항할 것이다.

(1) 논리적 결과의 적용 사례

여기서는 논리적 결과를 적용한 몇 가지 사례를 살펴본다 (Dreikurs, 1964, p. 82; Sweeney, 1998, pp. 206-207).

[사례 1] 부모는 매일 저녁 6시에 뉴스를 시청하고 싶지만 아이들 때문에 자주 방해받았다. 12세인 딸과 8세인 아들은 날마다 이 시간에 싸우며, 결과적으로 부모뿐만 아니라 남매 간에도 나쁜 감정을 갖게 되었다.

남편은 토의집단의 한 구성원으로부터 논리적 결과의 사용을 제안받았다. 문제는 이틀 밤 동안에 해결되었다. 첫째 날 저녁 시간에 부모는 더 이상 아이들의 싸움에 끼어들지 않을 것임을 밝히고 만약 부모가 자신들의 TV 프로그램을 볼 수 없다면, 아이들도 그들이 원하는 프로그램을 볼 수 없다고 말하였다. 아이들은 아무런 대꾸나 반대가 없었다. 그날 저녁 6시에 소란이 있었다. 아이들은 침실에서 큰 소리로 말다툼을 하였으며 부엌으로 나와서도 싸움을 하였다. 부모는 이를 모두 무시했으며, 질책하지 않았다. 뉴스가 끝나자 어머니는 TV를 끄고 방으로 들어가고, 아버지는 욕실로 들어가 샤워를 했다. 아이들은 고함을 치며 TV 볼 것을 요구했다. TV를 켜려고까지 했다. 부모 모두 아이들이 그렇게 할 것이라고 생각했지만 아이들은 TV를 켜지 않았다. 소란은 빠르게 진정되고 그날 저녁은 모두 자기 방에서 조용히 있었다. 다음 날 저녁, 아이들은 각자 부모에게 서로를 고자질하러 왔다. 각 부모는 "우리는 오늘 밤 싸우고 싶지 않구나. 너희들이 싸우고 싶으면 너희 방으로 가서 싸우렴."이라고 반응하였다. 아이들은 각자 침실로 돌아갔다. 이들은 싸우지 않았다. 그러나 부모는 이들이 이야기하는 것을 들을 수 있었다. 세 번째 날에는 6시에 소동이 일어나지 않았다.

이 사례에서 부모는 자녀들의 싸움에 개입하지 않아 자연적 결과가 일어나도록 하였다. 즉, 아이들은 부모의 관심을 받지 않게 되고 싸움에 대한 관심도 없어졌다. 또한 부모를 위한 TV가 없다면 아이들을 위한 TV도 없을 것이다(논리적 결과에 따른)는 점을 설정하였다. 훨씬 놀라운 것은 아이들도 이러한 논리를 알았고, 이 문제에 대해 부모에게 도전하지 않았다.

[사례 2] 세 살인 영희는 이를 닦지 않는다. 어머니는 매번 강제로 이를 닦게 했다. 이러한 다툼은 어머니와 영희를 힘들게 했다. 어머니는 영희에게 논리적 결과를 적용하고자 했다. 어머니가 영희에게 "이를 닦고 싶지 않으면 닦지 않아도 된다. 그러나 사탕과 단 것은 이를 상하게 하기 때문에 단 것을 먹을 수 없다."고 말하였다. 그 후 어머니는 이 닦으라는 말을 하지 않았다. 일주일 동안 영희는 이를 닦지도 않았고 단 것도 먹지 않았다. 다른 아이들이 사탕과 아이스크림을 먹고 있었다. 어느 날 오후 영희가 이를 닦고 사탕을 먹고

싶다고 하였고, 엄마는 사탕을 먹고 이를 닦도록 말하였다. 영희는 불평 없이 이를 받아들였다. 다음 날 아침 영희는 이를 잘 닦았다.

이 예에서 볼 수 있듯이, 논리적 결과를 사용하는 것은 아동의 행동을 통제하려는 것이 아니라 적절한 행동을 자극하려는 것이다.

[사례 3] 학교 적용 사례(G시 초등학교 4학년 한 학급)
적용 절차:

- 새 학년 시작 후 2주 동안 함께 생활한 뒤 학급 구성원들에게 필요한 규칙 및 이를 어겼을 때의 결과를 회의를 통해 결정토록 함
- 어겼을 때 결과(논리적)는 가급적 규칙과 관련되며, 규칙의 중요도에 따라 적절하게 정하도록 지도함
- 정한 규칙을 일주일 동안 실천해 본 다음 필요 없거나 추가할 규칙, 바꿀 필요가 있는 결과 등을 토의하여 수정토록 함

정해진 학급 규칙 및 논리적 결과:

- 쓰레기는 쓰레기통에 버리기－어길 시 당일 청소
- 남의 물건(게시물 등) 소중히 하기－어길 시 만들거나 사 오거나 낙서 지우기
- 제시간에 등교하기－어길 시 남아서 20분 동안 책 읽기
- 공부 시간에 딴 짓 않기－어길 시 이름이 불리면 뒤로

나가 5분 서 있기
- 일기 쓰기, 과제 수행-어길 시 남아서 끝마치고 가기

효과:
- 교사에게 의존하기보다 논리적 결과를 통해 문제를 해결하는 사례가 많음
- 정해진 규칙을 어기는 학생이 거의 없으며, 발생하는 경우 스스로 해결함
- 이미 습관으로 고착된 아동의 경우 교사의 개별지도가 필요함
- 스스로 습관을 형성하는 데 논리적 결과가 효과적임

자기성장을 위한 〈개인심리학 상담 연습 3〉: 자기격려 알아보기

자기격려 평가하기

다음은 자기격려와 관련된 문항입니다. 제시된 각 문항들을 잘 읽고 최근 스스로에게 다음과 같은 생각이나 말들을 얼마나 자주 하는지 해당하는 숫자에 √표 해 주세요.

1	2	3	4	5
전혀 그렇지 않다		그저 그렇다		매우 그렇다

번호	문 항	전혀 그렇지 않다		그저 그렇다		매우 그렇다
1	나는 성공할 수 있다고 생각한다.	1	2	3	4	5
2	일을 시작할 때 두렵지만 잘 해내리라고 생각한다.	1	2	3	4	5
3	실수했을 때 '나도 때때로 실수할 수 있어.'라고 생각하며 실수를 인정한다.	1	2	3	4	5
4	나는 어떤 문제가 생기든지 적극적이고 긍정적으로 생각한다.	1	2	3	4	5
5	새로운 일을 시작할 때 '실패할 수도 있지만 도전하지 않은 것보다 나아.'라고 격려한다.	1	2	3	4	5
6	나는 이 세상에서 없어서는 안 되는 꼭 필요한 존재라고 생각한다.	1	2	3	4	5
7	힘든 상황에 처했을 때 '해결책은 있어.'라고 생각하며 포기하지 않는다.	1	2	3	4	5
8	일을 성공했을 때 '잘 했어, 역시 해낼 줄 알았어.'라고 생각한다.	1	2	3	4	5
9	일을 실패했을 때 '이 일은 실패했지만 다른 일은 성공할 수 있어.'라고 스스로 위로한다.	1	2	3	4	5
10	나는 포기하고 싶을 때 '조금만 더 하면 잘할 수 있어.'라고 생각하며 참는다.	1	2	3	4	5
11	다른 사람들과 함께해야 하는 일에 적극적으로 참여한다.	1	2	3	4	5
12	나는 모임에서 새로운 사람들과 어울리기 위해 먼저 다가선다.	1	2	3	4	5

13	나는 새로운 변화에 적응하기 위해 적극적으로 행동한다.	1	2	3	4	5
14	사람들 앞에서 나의 의견을 이야기하곤 한다.	1	2	3	4	5
15	나는 부당하다고 생각되는 일에 적절하게 대응한다.	1	2	3	4	5
16	나는 유머감각과 재치로 주위 사람들을 웃게 하곤 한다.	1	2	3	4	5
17	나는 사람들 앞에서 당당하게 행동하려고 노력한다.	1	2	3	4	5
18	질문에 대해 맞는지 확신이 없더라도 대답을 하곤 한다.	1	2	3	4	5
19	나는 어려움이 있을 때 적극적으로 해결하고자 한다.	1	2	3	4	5
20	새로운 일에 도전하는 것이 주저되기는 하지만 그래도 도전한다.	1	2	3	4	5
21	힘들 때 나는 어떤 일이든 해낼 수 있다고 생각하며 자신감을 얻는다.	1	2	3	4	5
22	일을 실패했을 때 좌절하기도 하지만 기분을 전환하려고 노력한다.	1	2	3	4	5
23	일을 맡을 때 자신감을 가지고 일을 시작할 수 있다고 느낀다.	1	2	3	4	5
24	일을 실패했을 때 '일은 실패했지만 그래도 나는 가치 있는 존재야.'라고 느낀다.	1	2	3	4	5
25	실패에 대한 두려움이 느껴질 때 '한 발 한 발 천천히 나아가면 해 낼 수 있어.'라고 용기를 북돋운다.	1	2	3	4	5
26	오늘 하루가 엉망이 되어 마음이 심란할 때 '내일은 잘 될 거야.'라며 위로한다.	1	2	3	4	5
27	힘들 때 나의 미래를 생각하며 행복감을 느끼곤 한다.	1	2	3	4	5
28	외로울 때 소중한 사람들을 생각하며 따뜻함을 느낀다.	1	2	3	4	5
29	나에게는 단점도 있지만 그런 내 자신도 소중하다고 느낀다.	1	2	3	4	5
30	잘하지 못할 때도 있지만 열심히 노력하고 있는 내 모습을 보며 뿌듯함을 느낀다.	1	2	3	4	5

- 각 요인의 평균(표준편차)–대학생
  - –인지적 요인(1~10번): 3.54(.52)
  - –행동적 요인(11~20번): 3.21(.54)
  - –정서적 요인(21~30번): 3.41(.54)
  - → 평균으로부터 1SD 이상이면 전체의 16% 상위에, 2SD 이상이면 2.5% 상위에 존재한다.
- 출처

  노안영, 정민(2007). 자기격려-낙담척도 개발 및 타당화. **한국심리학회지: 상담 및 심리치료, 19**(3), pp. 675-692.

4 개인심리학 상담의 적용

Being deeply loved by someone gives you strength,
while loving someone deeply gives you courage.
—Lao Tzu

1. 격려치료

로손시(Losoncy, 2001)는 모든 개인은 스스로 바람직한 방향으로 변화하고자 하는 선천적 동기를 가지고 있다는 아들러의 개인심리학 전제에 근거하여 격려치료를 개발하였다. 격려의 개념은 타인에게 용기를 북돋아 주는 것으로 아들러의 개인심리학 상담의 중요한 도구다. 내담자는 자산, 강점, 자원 그리고 잠재적인 긍정적 삶의 전망을 이미 가지고 있는데, 이러한 것들은 치료에서 유용하게 이용할 수 있는 재료들이다. 격려치료는 격려를 통해서 이러한 것들을 재구조화하고, 자기와 타인 및 현실을 새롭게 지각함으로써 내담자는 생각, 감정 및 행동 간의 관계를 재인식하기 시작한다. 이러한 발견을 통해서 내적 통합감, 개인적 통제력, 자기권능감, 그리고 긍정적인 변화로 나아가는 동기를 갖게 된다. 격려치료는 각 치료과정에서 독특한 방식으로 적용되는 다양한 인본주의 심리치료 이론들로부터 나온 요소들을 통합한다. 여기서는 격려치료에 영향을 준 철학적 배경과 기원, 격려치료의 이론적 근거, 원리, 치료의 과정, 격려치료의 전망과 적용 등을 다루고자 한다.

1) 격려치료의 역사

격려의 철학적 배경이 되는 격려치료의 선구자적 역할을 한 사람들은 인간의 긍정성에 초점을 맞춘 사람들이다. 대표적으로, 러셀(Bertrand Russell), 에픽테토스(Epictetus), 로마 황제 마르쿠스 아우렐리우스(Marcus Aurelius), 합리론의 대표적 철학자인 칸트(Kant, I.), 현대의 실존주의 철학자인 사르트르(Sartre, J. P.)와 같은 철학자들을 들 수 있다.

- 러셀: 그는 인간에게 한계란 있을 수 없다고 보았다. 인간 가능성에 대한 이러한 긍정적인 시각을 통해서, 인간은 자신이 처한 환경과 관계없이 이미 가장 효과적이고 효율적인 지각적 · 행동적 대안들을 가지고 있다는 생각을 갖게 하였다.
- 에픽테토스: 스토아학파로서 현상학적 철학의 선구자인 그는 '인간 관찰자'의 중요성을 인식하였다. 그는 "자기자신의 주인이 아닌 사람은 아무도 없다."고 주장하였다. 낙담한 사람은 자유롭지 못하고 자기자신의 지각적 근시의

노예이며, 격려하는 사람은 내담자로 하여금 낙담을 극복하여 그의 지각적 · 행동적 삶의 대안들을 재생하도록 돕는다고 생각하였다.

- 마르쿠스 아우렐리우스: 그는 "자신을 행복하게 만들지 않고 행복한 사람은 아무도 없다."고 주장하면서, 인간의 자기 삶의 책임성을 강조하였다.
- 칸트: 그는 실체와 현상 간의 차이점을 토론하면서, "실체는 마음 밖에 존재하는 사물들이다. 그러나 현상은 결과적으로 마음이 이러한 실체의 복잡한 정리를 통해서 절실하게 깨닫게 된 것이다. 그래서 낙관적인 사람이나 비관적인 사람이나 동일한 실체를 지각하지만, 각기 다른 현상을 경험하게 된다."고 하였다. 그리고 두 사람이 실수를 할 수 있지만, 행동에 영향을 주는 것은 궁극적으로 지각자의 현상학이라고 하였다. 또한 격려치료의 관심을 자극하는 것이 바로 이러한 현상학이라고 하였다.
- 사르트르: 그는 개인적 책임감의 문제에 대하여 "사람은 그가 그 자신을 만든 것 이외에 그 밖의 것은 아무것도 없다."고 말하면서, 사람은 자신의 감정, 사고, 행위 그리고 삶의 의미에서 책임 있는 창조자라고 주장하였다. 그의 말처럼 "행위를 제외하고는 어떠한 현실도 없다." 용기 있게 사는 것은 진술된 목표를 향한 행위에 의해서 궁극적으로 평가된다.

많은 철학자가 격려치료에 영향을 주었다. 격려치료가 발생하는 데 선구자적 역할을 한 철학자들의 인간에 대한 관점을 격려치료에 함께 모은 사람들은 성격이론가인 로버트 화이트(Robert White), 아들러의 개인심리학을 현실적인 적용이 가능하도록 계승 · 발전시킨 루돌프 드레이커스(Rudolf Dreikurs)와 그 후배 학자들, 인본주의 심리학의 칼 로저스(Carl Rogers)와 인지주의 심리학의 앨버트 엘리스(Albert Ellis), 현실치료의 윌리엄 글래서(William Glasser) 등이다. 이들을 중심으로 격려치료의 기원을 다루어 보자.

- 성격이론가인 로버트 화이트: 그는 많은 심리학적 치료접근들에서 격려를 치료의 본질적인 구성 요소라고 보았다. 그는 치료적 도구로서 격려의 중요성을 인식한 최초의 학자다. 오늘날 모든 관계에서 격려에 대한 강조는 많은 아들러 추종자에게서 깊은 관심을 가지고 유지되고 있다.
- 루돌프 드레이커스와 후배 학자들: 드레이커스는 격려의 중요성을 강조하였으며, 격려의 기법과 과정을 보다 더 상세하게 설명하였다. 격려를 다룬 최초의 책은 *Encouraging Children to Learn*(Dinkmeyer & Dreikurs, 1963)인데, 이 책은 학습 증진을 위한 격려 기법의 적용을 다루고 있다. 월터 오코넬(Walter O'Connell)은 격려의 사용에 대한 경험적 지지를 제공하면서, 격려가 자아존중감과 사회적 관심을 확장하는 평생의 과정이라고 하였다. 로슨시는 다이안 로

손시와 함께 유일하게 격려에 대해 두 권의 책 *Turning People On: How to Be an Encouraging People*(2000)과 *What Is, Is: How to Accept What You Choose Not to Change*(1997)를 썼다. 본질적으로 로손시는 타인을 격려하고 자기를 격려하는 과정은 본질적으로 같다고 설명하였다. 딩크메이어와 로손시(Dinkmeyer & Losoncy, 1996)는 격려과정의 단계별·기술별로 분석한 *The Skills of Encouragement*를 공동으로 집필하였다.

- **인본주의 심리치료:** 격려치료는 인본주의 심리치료로부터 나온 요소들을 결합하고 있다. 격려의 첫 번째 단계는 로저스(Rogers, 1961)의 개념들과 깊게 연결되어 있고, 공감, 진솔성, 존경 그리고 무조건성과 같은 관계형성 기술을 사용한다. 격려의 두 번째 단계, 즉 내담자의 지각 확장은 대부분 아들러(Adler, 1959), 엘리스(Ellis, 1962) 그리고 재스트로(Zastrow, 1979)의 영향을 나타내고 있다. 격려의 세 번째, 행위 단계는 현실치료(Glasser, 1965)와 유사한 것으로 볼 수 있다. 격려의 마지막 단계는 내담자의 자기격려다.

격려의 뿌리와 기원을 완벽하게 언급하고 인식하기에는 너무 많다. 격려치료의 가장 큰 기여는 많은 치료 요소들을 내담자에게 변화할 수 있는 책임감, 확신, 용기 그리고 동기화로 가장 효과적으로 이끌 수 있다고 생각되는 방법으로 통합하였다는 것이다.

2) 격려치료의 이론적 근거

낙담한 사람은 변화할 수 없다기보다는 변화하고 싶은 동기가 없다고 말한다. 아들러는 낙담한 사람은 용기(courage)가 결여되어 있거나, 사회적 관심(social interest)이 부족하거나, 상식(common sense)이 부족한 것에서 비롯된다고 하였다. 간단히 말하면, 문제를 가지고 있는 사람은 다음과 같다. 첫째, 용기가 결여되어 있는 낙담한 사람이다. 둘째, 사회적 관심이 낮아 사회적으로 무익한 생활양식을 가진 사람이다. 셋째, 상식이 결여되어 흔히 비정상적인 행동, 즉 이상행동을 하는 사람이다. 용기, 사회적 관심 그리고 상식이 결여되어 있는 사람은 낙담의 신념을 유지하는 데 필요한 두 가지 주제를 가지고 있다. 첫째는 무책임(예, "나는 나의 삶에 책임이 없다.")이며, 둘째는 무능력(예, "나는 자산, 강점 그리고 자원을 가지고 있지 않은 무가치하고 능력 없는 사람이다.")이다.

첫 번째 주제인 무책임은 내담자가 끊임없이 다른 사람, 세상 혹은 현재의 삶에 영향을 준 과거를 비난할 때 나타난다. 무책임은 내담자의 말("단지 ~이 아니라면……."), 정서(분노, 우울) 혹은 행위(부동 혹은 보복)로 드러날 수 있다. 이러한 각 구성 요소들은 독립적으로 그리고 동시적으로 기능하지만, 격려치료는 직접적으로 낙담으로부터 파생된 신념을 변화시키는 것이 가장 효율적이고 효과적인 접근이라는 입장을 가지고 있다.

두 번째로, 무능력을 가장하는 사람은 다른 사람과 세상에 대하여 결정적 일반화(예, "세상은 먹느냐 먹히느냐의 냉혹한 곳이다.")와 자기에 대한 고정된 부정적인 정체감(예, "나는 항상 ~하는 그런 부류의 사람이다.")을 선택하여 왔다. 부정적 정체감에 의해 낙담한 사람은 자신은 전쟁터에서 승리할 수 없으며, 문제를 해결하지 못하고, 해결책을 찾을 수 없으며 혹은 심지어 가능한 해결로 나아갈 수 있는 기회마저도 없다고 믿는다. 그들은 능력에 대한 확신을 가지고 있지 않다. 그들은 목표로 나아가는 데 취할 수 있는 건설적인 단계들에 초점을 맞추는 대신, 자신의 에너지를 실패의 위험에 대해 생각하는 것에 소비한다.

이렇게 무책임과 무능력을 가장해서 나타나는 낙담은 어떻게 생기는가? 인간은 기죽어서 태어나는가? 그렇지 않으면 그들은 삶의 경험을 통해서 기죽게 되는가?

3) 낙담의 기원과 역동

인간은 부분적으로 용기 있고 부분적으로 낙담한 채 태어난다. 그들은 생리적인 한계 안에서 새로운 방식으로 움직이기 위해서 위험을 기꺼이 무릅쓴다는 점에서는 용감하다. 그러나 그들의 용기는 분별없고 책임도 없다. 그들이 생존하려고 한다면 그들의 욕구들을 타인이 충족시켜 주어야 되기 때문에 그들에게는 책임감이 결핍되어 있다. 생애 초기에 아동이 형제간의 비교를 통해서 판단하거나 평가하는 위협적인 환경에서 자라게 되면, 부정적 자기평가를 하여 열등감을 느끼거나 부정적인 자아개념을 형성할 가능성이 높다(Sweeney, 1998). 이들은 용기가 없고 낙담하여 세상에 대한 두려움으로 자신은 성공할 수 없다는 부정적 정서인 낮은 자아존중감을 갖게 된다. 이들은 용기를 갖지 못하기 때문에 사회에 나가기를 두려워하며, 스스로 할 수 있는 일이 없다고 생각하게 되고, 낮은 사회적 관심으로 자기의 이익만을 생각하게 되는 이기적인 사람이 된다 (Sweeney, 1998).

그러나 그들이 책임감이 결핍되어 있다는 사실에도 불구하고, 신생아는 환경에 대한 지각된 통제력을 통해서 확신을 발전시킬 수 있는 잠재력을 가지고 있다. 지지적으로 격려하는 분위기는 용감하게 활동하려는 고유한 에너지를 훼손하지 않고 책임감의 발달을 이끌고 확신에 대한 잠재력을 기르게 된다.

4) 책임감 격려하기

내담자의 용기, 사회적 관심 및 상식이 발달하도록 가장 강력하게 이끄는 것은 사회적 환경이다. 그래서 신생아는 책임감(예, "그건 내가 할 수 있어.")을 확신할 수 없지만 보다 책임감 있는 전망을 천천히 발달시킬 수 있는 잠재력을 가지고 있다. 의사결정을 하도록 허용되지 않고, 적절한 책임감이 주어지지도 않고, 그들의 행위가 어떤 것에 대해 직접적이고 긍정적인 영향을 가질 수 있다고 보지도 않는 위협적인 환경에서 아동은 무력하다고 느낀다.

게다가 아동은 환경이 그들을 결정하며 자기가 할 수 있는 것은 아무것도 없다고 믿을 때 무책임하게 될 수 있다. 부모가 부정확하게 현실을 묘사할수록 아동은 낙담하는 신념을 발달시킬 가능성이 더 크다. 개인심리학 상담자는 격려를 통해서 개인으로 하여금 '내가 하지 않기로 선택한 일들을 받아들이고, 내가 선택한 것들을 변화시키고, 용감하게 그리고 효율적으로 선택하는 것이 내 몫이라는 것'을 알아차리고 실현하도록 도와준다. 개인심리학 상담자는 새로운 신념, 언어, 정서 및 행위가 어떻게 의미를 지니는지를 보여 주는 현실의 건강한 전문가다.

5) 확신 격려하기

격려할 수 있는 일차적인 자료는 이미 내담자의 자산, 강점, 자원, 그리고 잠재적으로 긍정적인 삶의 전망에 존재한다. 확신을 가지고 있는 사람은 자신의 가능성에 대한 신선한 지각을 정열적으로 만듦으로써 앞으로 나아간다. 그러나 낙담한 사람은 자신이 변화될 수 없다고 믿음으로써 자신의 부정성에 초점을 맞춘다. 그리고 희망이 없다고 믿으며, 어떤 노력도 하지 않는다.

신생아는 환경에 대한 지각된 통제력을 통해서 확신에 대한 잠재적 능력을 가지고 있다. 어떠한 도움도 없이 숟가락을 성공적으로 사용하는 어린아이의 표현을 관찰해 보라! 자신의 경험을 통해서 어린아이는 "나는 이것을 할 수 있어." 혹은 "나는 그것을 잘할 수 없어."라고 결론을 내린다. 그들의 정체감은 이러한 경험에 대한 자신의 지각으로부터 나타나기 시작한다.

아동은 자신을 유능하게 보기보다는 무능하게 보기 시작하는 많은 방법이 있다. 아동이 자신이 잘 수행하고 성공할 때만 가치가 있다고 지각할 때, 그들은 자신의 무능한 측면을 보면 확신을 잃고 수줍어하기 시작한다. 이러한 낙담하는 경향은 아동이 학교를 다니게 되는 시기에 특히 주목받게 된다. 그때에는 이루어진 노력보다는 틀린 답의 개수에 초점을 맞추게 된다. 잘 이루어진 것(영웅, 성공 그리고 완벽)만이 가치를 인정받을 때, 창피한 패배를 피하는 유일한 방법은 낙담을 선택하고 포기하는 것이다. 아동은 삶의 다른 영역에 이러한 낙담하는 결론을 가끔 일반화시키는 "나는 무능해. 그리고 어떤 자산들도 가지고 있지 않아."라고 결론을 내린다. 그리고 "무능한 사람은 어떻게 행동하지? 그들은 행동하지 않아!"라고 한다. 변화를 일으키는 어떤 행동도 불안과 실패의 두려움을 자극한다. 그런 사람은 삶의 비용으로 안전을 산다.

확신은 복잡성과 효과성의 느낌이며, 과거에 성공했던 경험의 개인적인 기억으로부터 나온다. 사람은 새로운 방식으로 행동하기 위해 자신의 모든 잠재력에 민감해지면서, 자신의 이해력의 범위 안에서 끊임없이 개인적 힘에 영향을 받는다 (Dinkmeyer & Losoncy, 1996).

치료하는 동안에 제공된 지각적 대안을 통해서 내담자는 자기, 타인 그리고 현실에 대한 새로운 비전을 발달시킨다. 내담자는 새로운 눈을 통해서 삶을 바라보기 시작한다. 결국 모든 사건들은 보다 더 생산적으로 보인다. 내담자는 책임감(예, "그건 내가 할 거야.")과 확신(예, "나는 복잡하고, 능력 있고, 많은 장점, 자질 그리고 자원을 가지고 있어.")이 결합된 감정을 가지고, 자기를 변화할 수 있도록 동기화된다.

6) 격려치료의 원리

격려는 어떤 기법이라고 하기보다 하나의 삶의 철학이며 인간에 대한 태도라고 볼 수 있다. 격려치료에서 필요한 몇 가지 기본 원리는 다음과 같다(Dinkmeyer & Eckstein, 1996).

- 사람을 있는 그대로 존중한다.
- 개인의 발달과 성장을 위하여 집단을 통해서, 집단과 함께 활동한다.
- 노력을 가치 있는 것으로 인식한다.
- 과거나 미래보다는 현재에 초점을 맞춘다.
- 행위를 행위자로부터 분리한다.
- 사람에 대해 긍정적이고 낙관적인 태도를 갖고 있다.
- 실수보다는 잘한 것에 관심을 갖는다.
- 모든 사람을 의사결정과정에 참여시킨다.
- 사람의 생각에 열린 마음을 갖는다.
- 실수를 파국으로 보지 않는다.
- 모든 사람을 공정하게 대한다.
- 경쟁보다는 상호 협동에 초점을 맞춘다.

상담 및 심리치료를 수행하는 상담자의 태도는 상담 효과에 매우 중요하다. 내담자의 신념이 언어, 정서 그리고 행위에 영향을 주듯이, 상담자의 신념도 격려과정에 영향을 미친다. 따라서 삶에 대한 긍정적인 관점 없이 내담자를 동기화시키는데 성공적일 수는 없다는 격려자의 태도가 중요하다. 내담자에게 용기를 주는 개인심리학 상담자의 태도를 알아보면 다음과 같다.

- 내담자가 경험하는 고통의 원인은 정신병리적이기보다는 낙담 때문이다.
- 상담자는 되도록 내담자의 가능성들과 관련하여 그의 지각적 대안들을 제한할 수 있는 내담자로부터 나온 자료들을 무시한다.
- 상담자의 임무는 내담자를 더욱 강하고 독립적으로 만드는 것이다.
- 상담자의 내담자에 대한 신념 혹은 기대는 치료적 결과에 중요한 영향을 미친다.
- 내담자 문제의 책임이 그의 행동에 있다고 해도, 그것을 비난해서는 안 된다.
- 상담자의 반응은 내담자가 보다 더 깊게 탐색하도록 이끌거나 이끌지 못하는 것에 중요한 역할을 한다.
- 상담자가 불안전하고 상처받기 쉬운 취약성을 가지고 있는 사람이라면, 내담자에게 그러한 영향을 미친다.

- 내담자는 확신을 발달시키기 위해서 자신이 가지고 있는 많은 강점, 자질 그리고 자원을 인정받고 전달받을 필요가 있다.
- 내담자의 관심은 치료과정에서 사용될 수 있는 동기화의 중요한 원천이다. 이러한 관심과 내담자의 강점, 자질 그리고 자원을 연결하는 것이 중요한 과업이다.

7) 격려치료의 과정

아들러의 개인심리학 상담에 근거하여 로슨시(2001)는 격려치료를 발전시켰다. 격려치료는 여러 가지 심리치료이론들로부터 나온 요소들을 통합하고 있는데, 특히 인본주의 심리치료이론들로부터 나온 개념들을 통합하고 있다. 각 단계는 내담자의 분명한 문제 요소에 초점을 맞추고, 특정한 치료기술들을 사용하고, 단계에서 요구되는 치료적 결과를 얻기 위하여 독특한 접근들을 요구한다. 상담자의 접근은 과정의 단계에 따라서 변화하는데, 격려치료의 네 단계는 다음과 같다.

(1) 관계형성 및 탐색 단계

이 단계에서는 내담자 정서의 이해에 초점을 둔다. 개인심리학 상담자는 정서는 개인의 신념에 봉사한다고 여긴다. 개인이 어떻게 느끼는지를 이해하는 것은 상담자가 내담자의 내재하는 낙담 신념을 확인할 수 있도록 돕는다. 격려치료의 초기 단계는 대개 로저스가 개발한 인간중심치료로부터 도출된다.

(2) 내담자의 지각 확장 단계

이 단계에서는 내담자의 정서와 행위에 미치는 신념의 효과를 인식하도록 그들을 초대한다. 이는 지각적 대안들을 발달시킴으로써 성취될 수 있는데, 그래서 그들 자신, 타인 그리고 현실에 대한 시각이 풍부해지게 된다. 이러한 새로운 지각을 가지고서, 내담자는 더 책임감 있게 되고 확신을 갖게 된다. 이 단계의 목표는 내담자가 상처 혹은 분노와 같은 자기패배적인 부정적 정서에 대해서 새롭고 더 높은 수준의 전망에 도달하도록 돕는 것이다.

(3) 행위(계획, 관여 그리고 변화) 단계

상담자는 진술된 목표를 향한 행위에만 관심을 갖게 된다. 여기에서 내담자는 가능성들을 탐색하고, 계획들을 발전시키고, 관여하고, 목표를 설정하고, 행위하며, 행위를 평가하게 된다. 여기에서 내담자는 이해되고 수용되었다고 느끼며, 자기와 타인 그리고 현실에 대한 보다 풍부한 시각을 발전시키게 된다. 이러한 새롭게 확립된 책임감과 확신을 가지고, 내담자는 자신이 행위를 통해서만 알 수 있는 통찰을 갖게 된다.

(4) 자유 단계

이 단계에서는 전체성에 초점을 맞춘다. 새로운 감정, 사고 및 행위를 가지고 내담자는 자신이 생각하고 말하고 느끼고 행동하는 것들 사이의 관계를 인식하게 된다. 이러한 발견은 그들에게 내적 통합감, 개인적 통제감, 자기의 힘에 대한 느낌 그리고 용감한 행위를 위한 동기화의 느낌을 갖게 한다. 그들은 심지어 상담자와 독립적이며, 인간에게 궁극적인 선물인 '자유'를 경험하게 된다.

격려치료의 궁극적인 목적은 내담자의 책임감과 확신이다. 이러한 결과는 상담자의 조력을 통해서 성취되지만, 결국 내담자가 자기격려를 하게 될 때에만 과정이 성공할 수 있다. 내담자가 "그것은 내 책임이야. 그리고 난 그것을 할 수 있어!"라고 결론짓는 것은 바로 이 순간이다.

8) 격려치료의 전망과 적용

격려치료는 긍정적인 동기가 결핍되어 있는 낙담한 사람에게 가장 효과적이다. 오늘날 '실존적 신경증' 문제 혹은 삶의 문제로 고통받는 사람은 삶의 의미와 목표를 개발하는 데 도움을 받을 수 있다. 주요한 삶의 적응(복학, 이혼, 사랑하는 사람의 상실)에 직면한 낙담한 사람은 이러한 도전들에 직면할 수 있는 용기를 개발하도록 도움받을 수 있다. 자신의 능력에 확신을 갖지 못하는 사람은 자신, 타인 그리고 보다 생산적인 삶을 바라볼 수 있는 새로운 방식을 제공받을 수 있다. 격려치료는 학습부진아와 소심한 학생들을 위해 학교에서 사용될 수 있다. 또한 학교공포증도 격려치료로 성공적으로 치료되었다.

전통적으로 '정신병환자'로 분류되는 내담자는 격려를 통해서 더 책임 있는 태도와 행위들을 배울 수 있다. 약물 관련 문제를 가지고 있는 내담자도 동료나 약물보다는 자기에 의존하여 자기확신과 책임감을 발달시키도록 격려되어 왔다.

일반적으로 격려치료는 내담자가 책임감, 자기확신, 그리고 자기, 타인 그리고 삶을 바라보는 보다 더 긍정적인 방식을 필요로 하는 대부분의 경우에 치료 절차로서 가능성을 갖고 있다.

2. 진로상담

여기서는 아들러의 관점을 진로상담에 적용하기 위한 방법과 진로상담과정에 대해 살펴보고자 한다. 개인심리학 짝짓기 모형은 진로상담에서 가장 잘 알려진 파슨스(Parsons, F.)의 '짝짓기 모형(matching model)'을 확장 · 보완하여 제시하였다. 짝짓기 모형은 개인 특성과 직업 간의 짝짓기를 강조하는 직업선택이론으로 객관성과 합리성에 가치를 둔다. 직업적 환경이 보다 안정적이었던 과거에는 이러한 전통 이론이 적합했지만, 급속하게 변화해 가는 현대 사회에서 전통 이론은 한계가 있다. 현대 사회에서는 적응하기 위해 계속되는 선택과 유연한 적응이 요구되기 때문이다. 이러한 사회적인 변화는 대안이론의 필요성을 야기하고 있다(김봉환 외, 2010).

사회적인 요구와 필요성에 따라 개인심리학 짝짓기 모형은 전통 짝짓기 모형의 장점을 극대화하고 한계점을 보완하여 제시하고 있다. 또한 개인심리학 진로상담은 개인심리학 짝짓기 모형을 근거로 구체적인 상담진행과정을 보여 준다.

1) 개인심리학 짝짓기 모형

개인심리학 진로상담자는 개인의 특성을 강조하는 전통 이론과 마찬가지로 특성을 강조한다. 하지만 개인의 특성 자체보다는 개인의 특성들을 조화시키고 이러한 특성들을 유용하게 사용하는 방법에 보다 초점을 맞춘다. 다음은 개인심리학 짝짓기 모형의 주요한 내용이다.

(1) 적합성에서 소속감으로

개인의 특성이 직업 및 직무에 적합(fit)할수록 개인의 직업만족도 및 직업에서의 성공 가능성이 높아질 것이다. 직업 적합성은 전통 짝짓기 모형에서 핵심 개념이며, 개인심리학 짝짓기 모형에서는 직업 적합성의 개념을 확장하여 소속감(belongingness)을 설명한다. 아동이 가정에서 소속감을 느끼게 되면 애착을 형성하게 되고 사회적 관심을 개발시킬 수 있듯이, 개인이 직장에서 소속감을 느낌으로써 사회적 기대에 부응하기 위해 노력하게 된다는 것이다(노안영 외, 2005). 결국 직업 적합성은 만족감이나 성공과 같은 개인적인 보상뿐만 아니라 사회적 기여를 가져오게 되는 것이다. 따라서 개인은 진로를 결정하기 위해 자신의 목표와 특성, 즉 능력, 흥미, 가치관 등을 고려하여 다음과 같은 질문을 생각해 본다. “어디에 내 자리를 만들 수 있을까?” “내가 어떻게 기여할 수 있을까?”

(2) 유사성에서 독특성으로

전통 짝짓기 모형에서 흥미는 각각의 직업에 대해 개인이 어떻게 느끼는가를 보여 주는 개념으로, 이는 개인과 각 직업에서 근무하는 사람들 간에 유사성(similarity)의 정도를 보여 준다. 유사성이 높을수록 그 직업에 더 적합하다고 볼 수 있다. 개인심리학 짝짓기 모형에서는 유사성의 중요성을 인식하면서 각 개인이 가지는 독특성(uniqueness)의 개념 또한 강조한다. 독특성은 개인마다 가지고 있는 목표와 그 목표를 달성하기 위한 수단을 포함한다. 내담자의 진로결정을 돕기 위해 내담자가 가지고 있는 자신만의 목표와 그 목표를 실행으로 옮기는 방법을 살펴볼 필요가 있다는 것이다. 진로결정을 위해 다음과 같은 질문을 생각해 본다. "목표를 어떻게 달성할 것인가?" "더 나은 사람이 되기 위해 직업을 어떻게 활용할 것인가?"

(3) 흥미에서 진로행로로

사람은 자신의 인생목표를 객관화하기 위해 외부 환경의 기회에 관심을 갖게 되고, 그러한 기회가 주어졌을 때 그것에 흥미(interest)를 갖게 된다(Angyl, 1941). 사람은 잘 모르는 것에 흥미를 느낄 수 없기 때문에 자기가 속한 사회 안에서 축소된 직업들 가운데 선택하게 된다. 즉, 흥미가 진로를 결정하기보다 진로행로(career path)가 무엇이 흥미로 발전될지에 영향을 주게 된다. 상담자는 내담자의 목표와 수단을 이해함으로써 내담자의 진로행로를 계획할 수 있다. 그리고 이렇게 계획된 진로행로를 통해 안내된 직업이 내담자에게 유용하다고 생각되면 흥미를 유발할 수 있게 된다. 개인은 다음과 같은 질문을 생각해 볼 필요가 있다. "나의 인생목표를 달성하기 위해 할 수 있는 일들은 무엇인가?" "나의 흥미를 일과 어떻게 연결시킬 수 있을까?"

(4) 선택에서 의사결정으로

전통 짝짓기 모형에서는 진로선택을 최종 목표로 하고 있다. 개인심리학 짝짓기 모형에서는 진로선택보다는 선택 방법, 즉 진로의사결정(decision making) 과정으로 진로상담의 목표를 확장한다. 개인심리학 짝짓기 모형에서 진로의사결정 과정이란 개인의 꿈과 현실을 적절히 조절하는 과정이다(노안영 외, 1995). 개인심리학 진로상담자는 꿈인 개인적 상식, 사적 논리와 현실인 공통 상식 간의 일치 정도에 의해 개인의 직업선택과 직업에 대한 만족감과 성공 가능성이 달라진다고 여긴다.

내담자의 사적 논리에는 허구적 목표가 포함된다. 내담자는 진로의사결정 과정에서 자신의 허구적 목표를 이루기 위해 직업을 평가하고 선택하게 된다. 내담자가 흥미를 갖는 직업은 '그 분야에 관련된 일을 좋아한다.' '그 분야에 능력이 있다.'는 상식적인 이유 이외에 '아버지에게 인정받기 위해서' '타인에게 영향력을 갖기 위해서' 등 각자 다른 허구적 목표를 가진다. 따라서 개인심리학 진로상담자는 내담자의 진로선택 뒤에 숨겨진 허구적 목표를 파악함으로써 내담자의 문제를 통합적으로 해결할 수 있도록 돕는다. 즉, 상식을 통해 문제와 허구적 목표를 기회로 전환시키도록 돕는다. 이를 위해 개인은 다음과 같은 질문에 대해 생각해 볼 필요가 있다. “나는 왜 이 직업을 갖고 싶은가?” “나에게 이 직업을 선택하도록/이러한 일을 생각해 보도록 영향을 준 것은 무엇인가?”

2) 개인심리학 진로상담

사비카스(Savickas, 1989)는 개인심리학 짝짓기 모형을 수행하는 진로상담을 ‘진로양식상담(career-style counseling)’이라고 하였다. 개인심리학 상담자는 심리상담을 위해 내담자의 생활양식을 면담한다. 마찬가지로 진로상담을 위해 진로양식을 면담하고 진로양식을 바탕으로 상담을 실시한다. 여기서는 개인심리학 진로상담에서 내담자의 진로양식 자료를 얻기 위해 사용되는 면담, 진로양식 자료를 해석하기 위한 평가 방법, 진로양식상담 방법을 살펴본다.

(1) 진로양식면담

개인심리학 진로상담자는 다음과 같은 구조화된 질문들을 통해 내담자의 자기탐색을 돕고 내담자의 진로선택과 관련된 의견과 경험들을 살펴본다. 질문은 역할모델, 책, 잡지, 여가활동, 교과목, 좌우명, 그리고 자신이 내린 중요한 의사결정이다.

① **역할모델**

역할모델을 살펴보기 위해 상담자는 다음과 같은 질문을 한다. "자라면서 당신이 가장 숭배한 대상은 누구입니까?" "가장 존경한 사람은 누구입니까?" "존경해서 닮고 싶은 사람은 누구입니까?" 숭배의 대상은 유명한 사람이거나 가공의 인물 혹은 동물일 수도 있고, 친척이나 가족 구성원 중 한 사람일 수도 있다. 내담자가 한 명의 이름을 말하면 상담자는 두 명을 더 말해 보도록 요청한 후 다음과 같은 질문을 한다. "당신은 이 사람들의 어떤 점을 가장 존경합니까?" "당신이 존경하는 이 사람들에 대해 말해 보세요. 어떤 사람들입니까?" 그리고 각 모델에 대해 "당신은 이 사람과 어떤 점에서 비슷합니까?" "이 사람과 당신은 어떤 점에서 다릅니까?"

상담자는 내담자에게 역할모델에 대해 질문을 할 때 누구를 존경하는가보다는 모델의 어떤 점을 존경하느냐에 초점을 맞추어야 한다. 또한 상담자는 모델과 관련하여 효과적인 추수질문, 예를 들어 역할모델과 내담자가 얼마나 닮았는가와 같은 질문을 함으로써 내담자의 진로양식을 더 잘 이해할 수 있다.

역할모델은 내담자가 갖는 어려움과 그러한 곤경에서 벗어날 수 있는 방법을 보여 준다. 상담자는 내담자의 목표와 수단을 구성하는 문제들을 확인할 수 있다. 상담자는 내담자의 모델을 통해 핵심적인 인생목표를 확인하고, 내담자의 핵심적인 관심사가 표현되도록 하며, 내담자가 문제를 어떻게 극복할 것인지를 확인할 수 있다.

또한 상담자는 내담자에게 아버지와 어머니가 어떤 사람이었는가에 대한 질문을 한다. 이를 통해 내담자에게 남성, 여성이라는 점의 의미 및 내담자의 삶에 부모가 어떠한 영향을 미쳤는지 살펴볼 수 있다. 내담자는 부모가 제공하는 생활지침에 따라 또는 이에 반하여 어떤 역할을 배제하는 방법, 또는 자신의 불완전성이나 열등감을 감소시키는 방법을 부모에게 보여 주려는 목적으로 역할모델을 선택할 수 있다.

진로상담자는 내담자로 하여금 역할모델과 부모에게 영향받은 생활지침을 비교하도록 함으로써 내담자의 문제와 목표 간의 연결고리를 찾을 수 있고 적절한 지도를 할 수 있다.

② 책

상담자는 내담자에게 좋아하는 책이 무엇인지, 왜 그 책을 좋아하는지에 대해 질문한다. 책은 내담자에게 의미 있는 또 다른 모델을 보여 준다. 책에는 삶의 곤경과 해결책이 동시에 담겨 있기 때문이다. 하지만 내담자가 좋아하는 책을 말하지 못하면 상담자는 다음 주제로 넘어간다.

③ 잡지

상담자는 내담자가 즐겨 읽는 또는 정기적으로 구독하는 잡지, 간행물이 있는지 묻는다. 상담자는 내담자가 즐겨 읽는 두세 개의 잡지 이름을 물어본 후 각 잡지마다 즐겨 읽는 부분을 묻는다. 그리고 내담자가 가장 좋아하는 부분, 지난 호에서 재미있었던 이야기, 그 잡지를 즐겨 보는 이유 등을 구체적으로 살펴본다.

즐겨 읽는 잡지는 내담자에게 맞는 환경이 무엇인지에 관한 정보를 준다. 상담자는 내담자가 즐겨 읽는 잡지와 역할모델을 연결해 볼 수 있으며, 그것이 내담자의 흥미와 어떠한 연관이 있는지 고려해 볼 수 있다.

잡지를 읽지 않은 내담자에게는 좋아하는 텔레비전 프로그램이 무엇인지 물어봄으로써 정보를 얻을 수 있다. 좋아하는 프로그램은 선호하는 환경에 대한 정보를 제공하지만 잡지만큼 많이 제공하지는 않는다(노안영 외, 2005).

④ **여가활동**

여가활동을 통해 내담자는 자신의 흥미를 나타낸다. 상담자는 내담자에게 시간이 있을 때 무엇을 하는지, 취미는 무엇인지, 지난주에 무엇을 했는지를 질문한다. 또한 여가활동 시 내담자의 역할을 파악하고 그 역할의 핵심 기능과 그 역할이 주는 보상에 대해 알아본다. 여가에 대한 동기는 본질적이므로 상담자는 내담자가 환경과 어떻게 상호작용하는지 명확하게 알아볼 필요가 있다.

여가활동은 자신의 흥미 표출 외에 자기개발을 위한 기회다. 여가활동을 통해 개인은 불완전함과 열등감을 처리할 수 있는 자기치료적 효과를 가질 수 있다. 여가활동을 통해 유능감과 자신감을 향상시키는 전략을 개발할 수 있으며, 실생활의 문제를 다룰 수 있는 대처능력을 갖게 되기도 한다.

⑤ 교과목

상담자는 내담자의 학교생활에 대해 파악한다. 학교에서 학생은 여러 교과목을 통해 다양한 작업 환경에 노출되기 때문에 다른 작업 환경에서의 성공 여부와 만족도를 파악한다. 상담자는 내담자에게 교사와 과목을 분리하도록 요청하고 좋아하는 과목과 싫어하는 과목을 탐색한다. 그리고 왜 좋아하는지 혹은 왜 싫어하는지, 점수는 어땠는지, 자신의 진로에 대한 생각에 끼친 영향은 무엇이었는지를 질문하면서 내담자가 선호하는 작업 환경뿐만 아니라 작업 습관과 태도를 파악한다.

⑥ 좌우명

상담자는 내담자의 좌우명을 통해 내담자가 자신의 생활사에 대해 어떻게 제목을 붙였는가를 살펴본다. 좌우명이 없는 내담자에게는 귀담아들었던 말을 떠올려 보게 하거나 새로 만들어 보라고 할 수 있다. 좌우명은 내담자의 사적 논리에 대한 정보를 제공한다.

⑦ 야망

상담자는 내담자가 어렸을 때 부모가 내담자에게 가졌던 야망이 무엇인지 물어본다. 이러한 정보는 내담자가 이제까지 관심을 보였던 직업에 대한 단서를 제공한다. 또한 내담자가 초등학생 때 지닌 삶에 대한 야망이 무엇인지 물어본다. 그리고 현재 꿈꾸고 있는 직업이 무엇인지 물어본다. 이러한 질문은 효과적인 의사결정을 돕고 내담자의 진로선택을 예언하는 데 도움이 된다(Touchton & Magoon, 1977).

⑧ 의사결정

상담자는 내담자의 의사결정 전략을 살펴보기 위해 내담자로 하여금 자신이 내린 중요한 결정이 무엇인지, 어떻게 그런 결정을 내리게 되었는지를 설명하게 한다. 이러한 질문은 내담자의 의사결정 과정을 자세히 살펴보고 문제점을 확인할 수 있도록 돕는다.

(2) 진로양식평가

진로양식평가(career-style assessment)란 내담자의 진로양식 면담 반응을 분석하는 것이다. 먼저 역할모델 질문은 내담자의 핵심 문제와 이러한 문제를 해결하는 데 유용한 정보를 제공한다. 여가질문은 내담자의 흥미, 역할, 기능, 보상들을 확인하는 역할을 한다. 잡지 질문에 대한 반응을 통해 선호하는 환경을 살펴볼 수 있으며, 학교경험 질문을 통해 다양한 작업환경에서의 내담자 반응, 성공경험, 실패경험 등을 분석할 수 있다. 야망 질문을 통해 직업인으로서의 자신에 대한 이미지와 직업 선택의 가능성에 대해 구체적으로 마음에 그리도록 돕는다. 좌우명과 진로의사결정 과정 질문을 통해 사적 논리가 어떠한 영향을 미치는지 살펴볼 수 있다. 이러한 평가를 통해 상담자는 내담자의 진로양식을 추정할 수 있다.

그리고 이러한 진로양식과 내담자가 제시하는 진로선택의 어려움을 관련시켜 볼 수 있다. 그리고 나서 내담자의 삶에서 관련되는 직업들을 확인한다. 내담자의 진로경로를 살펴봄으로써 내담자에게 유용하고 흥미로운 직업들을 발견할 수 있다. 내담자가 고려할 만한 직업들을 살펴보기 위해 *Dictionary of Holland Occupational codes*(Gottfredson, Holland, & Ogawa, 1982)를 활용할 수 있다. 상담자는 진로양식평가를 통해 내담자가 고려할 수 있는 직업목록, 내담자의 진로양식, 내담자의 사적 논리인 허구적 목표를 제시한다.

(3) 진로양식상담

진로양식상담(career-style interview)은 진로양식, 의사결정 애로사항, 흥미, 직업전망 그리고 선택의 걸림돌 등 다섯 가지 주제를 차례로 다루는 3회기의 구조화된 방식으로 진행된다. 1회기에서 상담자는 진로양식, 의사결정, 흥미 등을 다루며, 1주일 후 2회기에서 직업전망과 내담자가 탐색해 볼 수 있는 방법에 대해, 한 달 후 3회기에서는 내담자의 선택을 재확인하거나 선택의 걸림돌을 다루게 된다(노안영 외, 2005).

① 진로양식과 진로경로

내담자의 진로양식을 요약하여 설명한다. 상담자는 내담자의 진로양식이 갖고 있는 장단점을 파악하여 직업습관과 태도를 살펴보고, 교육적 · 직업적 성공 및 실패와 관련지어 본다. 상담자는 최근 5분 동안 내담자의 행동에서 표현되거나 진로양식면담 동안 내담자가 말하고 행동했던 것들을 구체화함으로써 상담을 진행할 수 있다. 그리고 진로양식을 탐색했던 지난주에 무엇을 했는지 구체적으로 살펴봄으로써 상담을 진행할 수 있다. 상담자는 내담자가 자신의 진로양식을 인식하도록 도와야 한다.

다음으로 진로경로에 대한 주제를 다룬다. 상담자는 진로의 의미, 진로의사결정 과제를 설명하면서 상담을 진행할 수 있다. 또한 상담자는 내담자가 이미 걸어온 진로경로를 설명하면서 내담자의 직업 경험과 관련지어 볼 수 있고, 미래를 미리 생각해 볼 수 있다. 사비카스(Savickas, 1989)는 내담자의 진로경로를 구체화하고 설명하기 위해 성공 공식을 사용한다. 〈표 4〉의 성공 공식 요소를 사용하여 성공 문장을 만들 수 있다. 성공 문장을 만드는 방법은 다음과 같다. 내담자는 내담자의 진로양식과 가상적 목표를 가장 잘 묘사하는 세 가지 역할을 선택한다. 내담자에게 세 가지 역할 군에서 하나의 문장을 선택해 다음의 문장을 완성하도록 요청한다. 예를 들면, "내가 __________할 때, 나는 성공했다고 느끼며 만족감을 느낀다." 성공 문장은 전망 있는 직업을 확인하고 평가하기 위해 사용된다.

〈표 4〉 조직에서의 역할에 따른 성공 공식 요소

행위자	조력자
도구를 가지고 작업한다. 머리보다 손으로 이해한다. 사물을 만들거나 고친다. 기계를 다루는 능력이 있다. 신체적 기술을 이용한다. 야외에서 일한다. 동물과 일한다. 자연과 더불어 일한다.	타인을 돕는다. 사람들과 함께 일한다. 봉사를 한다. 사교성이 풍부하고 쾌활하다. 아동을 돕는다. 노인을 돕는다. 가르친다. 상담한다. 조언해 준다.
사고자	**영향자**
문제를 해결한다. 과학 분야에 종사한다. 수학 분야에 종사한다. 논리를 사용한다. 아이디어를 연구 · 조사한다. 일이 어떻게 진행되는지를 파악한다. 독서한다. 사람을 분석한다.	의사결정을 한다. 타인을 확신시킨다. 집단을 이끈다. 힘을 사용한다. 열정을 가지고 행동한다. 물건을 판다. 관심의 중심이다. 역동적이다. 팔방미인이다.
창조자	**조직자**
독립적이다. 감정을 나눈다. 민감하다. 그림을 그린다. 악기를 연주한다. 글을 쓴다. 예술적 감각을 적용시킨다. 장식한다. 디자인한다.	꼼꼼하다. 팀의 일원이다. 자료를 기록한다. 타이프로 친다. 파일이나 자료를 조직한다. 관례를 지킨다. 기대 사항을 잘 파악한다. 명령을 수행한다.

출처: 노안영 외(2005). **아들러 상담이론과 실제**.

② 의사결정과 애로사항

내담자가 자신의 진로양식을 인식하고 진로경로를 그려 본

다음, 상담자는 진로의사결정 과제를 다루기 위해 내담자의 사적 논리를 확인한다. 상담자는 내담자의 사적 논리가 상식적으로 이해 가능하고 타당하면 사적 논리를 강화할 수 있다. 하지만 내담자의 사적 논리를 상식적으로 이해하기 어렵다면 내담자의 사적 논리에 담겨 있는 지배적 허구, 허구적 목표의 문제점, 진로의사결정의 왜곡에 미친 영향을 다룬다. 상담자는 내담자의 사적 논리를 상식과 연결 지어 내담자가 자신의 잘못된 아이디어들을 재평가하도록 돕는다. 이를 위해 수프에 침뱉기, 미래의 부정적 그림을 상상해 보기, 잘못된 가정들, 기본적 오류들, 생각 간섭하기 등의 기법들을 사용할 수 있다.

③ 흥미

다음 단계로 내담자의 흥미에 대해 나눈다. 상담자는 내담자의 흥미를 파악하기 위해 흥미가 지니는 공적이고 사적인 의미를 설명할 수 있다. 또한 흥미가 진로양식을 환경과 어떻게 연결시키는지, 흥미에 숨겨진 의미는 무엇인지, 그리고 흥미가 내담자에게 어떻게 유용한지를 나눈다. 상담자는 내담자의 생활경험에서 실례를 인용하여 구체적으로 흥미에 관한 상담을 진행한다.

그런 다음 상담자는 내담자가 앞으로 탐색하려고 하는 직업들을 확인하기 위해 내담자에게 흥미를 활용하는 방법을 설명해 준다. 상담자는 내담자가 선호하는 직업 역할, 활동, 환경 등을 체계적으로 묘사함으로써 내담자의 직업적 흥미에 대한 탐색을 돕고 내담자가 가능성 있는 직업군을 탐색하는 데 활용할 수 있도록 돕는다.

상담회기를 종결할 때 상담자는 다음과 같은 두 가지 과제를 내줄 수 있다. 첫째, 자기인식을 강화하고 가다듬고 명료화하기 위해 이번 회기에 진행했던 진로양식, 진로경로, 흥미들을 생각해 보게 한다. 둘째, 직업 분류 체계를 익히고 다음 회기 때 논의하고 싶은 직업목록을 만들어 오게 한다.

④ 직업전망

2회기는 앞으로 살펴볼 간단한 직업목록을 만들고 탐색계획을 세우는 데 할애한다. 1회기에 대한 내담자의 반응에 대해 이야기하고 내담자의 흥미를 유발하는 직업에 대해 이야기를 나눈다. 상담자는 내담자가 만들어 온 직업목록을 다룬다. 그리고 진로양식평가에서 파악된 직업들에 대해 이야기를 나눈다. 내담자가 주로 탐색해 볼 만한 여섯 개의 직업목록을 작성하고, 추가로 여섯 개 직업을 작성한다.

직업목록이 작성되면 탐색 계획을 세운다. 탐색 계획은 내담자가 선택 대안들을 명확하게 살펴보고 결정 능력을 키울 수 있는 활동들로 구성된다. 상담자는 내담자에게 탐색 원리, 즉 정보 출처 보기, 유용한 정보를 얻는 방법, 진로의사결정에서 정보를 이용하는 과정을 설명한다. 상담자는 격려기술을 사용하여 내담자가 탐색 계획을 실행에 옮길 수 있도록 한다. 내담자가 탐색 계획을 충분히 수행할 수 있도록 3회기는 한 달 후로 계획한다.

⑤ **선택의 걸림돌**

마지막 회기인 3회기에서 상담자는 내담자가 탐색을 통해 자신의 선택 대안을 어떻게 명료화했고 그중 하나를 어떻게 선택했는지 이야기를 나눈다. 상담자는 내담자의 선택을 강화하고 내담자가 자신의 선택을 충실히 이행할 수 있도록 구체적인 문제들에 관해 논의한다. 선택할 수 없다고 단언하는 내담자에게는 진로상담에서 선호와 선택을 구별하는 것이 중요함을 알려 준다. 또한 상담자와 내담자는 걸림돌을 다루는 데 시간을 할애하게 된다. 만약 3회기까지 내담자가 자신이 어떤 것을 선호하는지 분명히 파악하지 못했다면, 그러한 미결정이 진로 문제에 국한된 것인지 성격상의 우유부단함인지를 구별한다. 성격상의 우유부단함일 경우 심리상담, 즉 생활양식상담을 권한다.

3) 개인심리학 진로집단상담 프로그램

정은균(2008)은 고등학생을 대상으로 진로발달 및 진로선택을 돕기 위해 아들러의 이론에 근거하여 개인심리학 진로집단상담 프로그램을 개발하였다. 개인심리학 진로상담 프로그램은 진로선택을 어린 시절부터 겪어 온 일상의 경험을 총체적으로 연결하여 파악할 뿐만 아니라, 개별적으로 지니고 있는 삶과 진로 경험을 통해 형성된 자아개념을 진로개념으로 전환할 수 있는 체계적인 접근을 채택하고 있다(정은균, 2008). 〈표 5〉는 진로집단상담 프로그램의 내용이다.

〈표 5〉 개인심리학 진로집단상담 프로그램

회기	주제	요소	활동(100분)
1	소개	활동 소개 참가 동의	진로집단상담 프로그램과 운영 방안에 대한 자세한 소개하기
2	삶의 목표 세우기	삶의 목표	삶의 목표와 의미 명료화하기
		성공이란	자신이 갖고 있는 성공의 개념을 명료하게 자각하기
		사회적 관심	자신의 성공과 삶의 목적 및 의미가 타인이나 지역사회, 공동체, 국가 등에 어떤 영향을 미치는지 생각해 보기
3	생활양식 탐색하기	초기기억	어린 시절의 기억 중 인상적인 것 세 가지를 떠올려 보고 글(그림)로 묘사해 보기
		가족구도	몇 번째 자녀로 태어났으며 형제 간 출생순위, 부모의 가치관, 집안 분위기가 성격에 미친 영향 생각해 보기
4		생활양식	초기기억과 가족구도가 자신에게 미친 영향을 이해하고, 자신의 사고–감정–행동의 유형을 통합적으로 탐색하기
5	자기성찰 하기	열등감	자신이 열등하게 느끼는 외모, 성격, 지능, 예능 등을 탐색하기
		사적 논리	생활양식과 관련하여 자신, 세상 또는 삶에 관하여 갖는 일관된 지각과 목표 이해하기
		기본적 오류	과잉단순화, 과장, 불가능한 목표, 삶에 대한 왜곡된 지각, 자신의 가치 부정 또는 최소화, 거짓가치 등을 파악하기
6	진로탐색 하기	역할모델	어린 시절부터 존경한 인물과 어떤 점에서 존경하는지 살펴보기
		책	초등학교 때부터 즐겨 읽었던 책의 종류, 주제, 분야 살펴보기
		여가활동	즐겨 왔거나 몰입해 온 놀이, 취미활동 살펴보기
		교과목	좋아하는 교과목, 싫어하는 교과목, 좋아하는 교과목 교사 등을 구체적으로 살펴보기

<table>
<tr><td rowspan="3">6</td><td rowspan="3">진로탐색
하기</td><td colspan="2">삶의 좌우명</td><td>삶의 좌우명이나 자주 사용해 온 다짐을 언어적으로 표현하기</td></tr>
<tr><td colspan="2">꿈</td><td>부모 또는 자신이 어린 시절부터 직업과 관련하여 지녔던 꿈이나 소망 탐색하기</td></tr>
<tr><td colspan="2">의사결정</td><td>지금까지 해 온 중요한 선택이나 결정 때마다 사용해 온 의사결정 유형 살펴보기</td></tr>
<tr><td rowspan="2">7</td><td rowspan="2">진로행로
설계하기</td><td colspan="2">진로양식평가</td><td>자신이 초등학교부터 비교적 일관되게 지녀 온 생활양식, 적성, 흥미 등을 총체적으로 고려하여 관련 직업 탐색하기</td></tr>
<tr><td colspan="2">진로행로설계</td><td>진로양식을 토대로 다양한 진로행로를 설계하기. 이를 돕기 위해 허구적 목표와 진로양식을 조합하여 ‘성공 유형 탐색’ 방식 이용함</td></tr>
<tr><td rowspan="3">8</td><td rowspan="3">진로장애
탐색하기</td><td colspan="2">상황적 장애</td><td rowspan="2">진로장애에 대한 지각이 상황적 장애인지 아니면 특성적 장애인지 파악하기</td></tr>
<tr><td colspan="2">특성적 장애</td></tr>
<tr><td colspan="2">열등감</td><td>어린 시절부터 열등의식을 느꼈던 부분과 이를 보상하기 위하여 어떤 방향으로 보상 에너지를 활용했는지 살펴보기</td></tr>
<tr><td rowspan="2">9</td><td rowspan="2">진로장애
극복하기</td><td rowspan="2">통합</td><td>사적
논리
(꿈)</td><td rowspan="2">5회기를 토대로 과잉단순화, 과장, 불가능한 목표, 삶에 대한 왜곡된 지각, 자신의 가치부정 또는 최소화, 거짓가치 등에 직면하기. 진로결정의 장애 및 왜곡 여부, 감추어진 이유 등을 내포하는 사적 논리인 꿈(정체감)을 어떻게 현실적으로 접목시킬 수 있을 것인가를 탐색하여 명료화하기</td></tr>
<tr><td>상식
(현실)</td></tr>
<tr><td rowspan="3">10</td><td rowspan="5">의사결정
하기</td><td colspan="2">적성, 흥미
탐색</td><td>3–6회기 내용을 토대로 적성 및 직업적 흥미에 대하여 감추어진 이유를 명료화하기</td></tr>
<tr><td rowspan="2">탐색</td><td>직업</td><td>자신에게 적절한 직업을 한국표준 직업목록을 보고 탐색하기</td></tr>
<tr><td>학과</td><td>직업목록과 관련된 계열과 학과를 대학소개 자료를 통해 탐색하기</td></tr>
<tr><td rowspan="2">11</td><td colspan="2">부모와 대화</td><td>진로에 관하여 부모와 대화를 통하여 적절하게 타협하기</td></tr>
<tr><td colspan="2">생애직업설계</td><td>이미 설정한 진로행로를 고등학교 1학년부터 대학교, 성인기까지 더욱 구체화하여 나누기</td></tr>
<tr><td rowspan="2">12</td><td rowspan="2">적용하기</td><td colspan="2">사명확인서</td><td>자신의 목표를 이루기 위한 사명확인서를 작성하고 책임 자각하기</td></tr>
<tr><td colspan="2">격려</td><td>집단원 상호 간에 긍정적으로 표현하며 격려하기</td></tr>
</table>

출처: 정은균(2008).

3. 집단상담

아들러의 개인심리학은 집단상담 분야에 매우 적합한 방법이다. 아들러의 개인심리학은 사람을 사회적 맥락에서 가장 잘 이해할 수 있다는 가정에 근거하여 사람을 가르치고 격려하는 데에 집단 상황을 가장 잘 이용할 수 있다. 특히 아들러가 관심을 기울였던 아동 및 청소년의 교육과 부모교육의 분야에서 개인심리학 집단상담은 매우 효과적으로 활용될 수 있다.

개인심리학 상담자는 모든 문제는 특성상 사회적이고 상호작용적이라고 본다. 그리고 집단은 개인의 태도와 행동에 영향을 주는 다양한 요소들을 가지고 있다고 본다. 모든 사람은 사회적이기 때문에 사회에 적응하려고 하고, 우리의 행동은 전체적이고 목적적이기 때문에 집단 상호작용은 아들러의 조력모형에 가장 적절하고 중심적인 도구다. 집단상담은 정상적인 발달의 문제, 성격이나 생활양식의 문제에 이르기까지 광범위하게 다룰 수 있다.

여기서는 개인심리학 집단상담의 기본 원리와 과정에 대해서 설명하고, 아들러 집단의 유형 및 특성과 집단상담의 과정에 대한 이해를 돕기 위해 현장에서 실시된 집단상담의 실제 사례를 제시한다.

1) 기본 원리

사람은 집단경험을 통해서 사회적 문제와 그 해결방법을 직접 학습할 수 있다. 이러한 경험학습의 과정에서 집단구성원은 보편적인 생각과 감정을 확인하고 차이점들을 이해하고 수용하는 법을 배운다. 개인심리학 집단상담의 토대가 되는 개인심리학의 기본 원리는 다음과 같다(Dinkmeyer & Losoncy, 1996).

첫째, 인간은 사회적 존재다. 인간은 사회적 속성을 지닌 존재이기 때문에, 인간의 행동은 사회적 맥락에서 발달된다. 그러므로 인간의 행동은 사회적 맥락에서 연구되어야 한다. 모든 인간은 집단을 떠나서 아무도 살 수 없다.

둘째, 모든 행동은 사회적 의미를 가지고 있다. 모든 행동은 사회적 행동이고 타인과의 인간관계로부터 영향을 받는다. 개인의 행동은 집단에서 그 사람의 독특한 위치를 반영한다. 그러므로 행동은 사회적 맥락과 관련하여 가장 잘 이해될 수 있다.

셋째, 생활양식은 행동을 통해서 표현된다. 개인의 행동은 삶의 목표를 달성하기 위한 수단들이다. 그러므로 반응과 행동의 특징적인 유형을 내포하는 생활양식은 집단환경에서 드러나고 이해되며 다루어진다.

넷째, 사회적 관심은 인간의 본질적인 속성이다. 사회적 관심은 집단의 공동의 선을 위해 협력하려는 의지다. 어떤 사람이 다른 사람을 위해 일할 때 그리고 함께 일하기 원할 때, 그 사람은 사회적 관심을 표현한 것이다.

다섯째, 소속하기는 인간의 기본적인 목표다. 우리 모두는 소속의 욕구를 가지고 있다. 소속된다는 것은 가치 있고 의미 있는 활동을 하는 것만큼이나 중요하다.

개인심리학에서 강조하는 인간행동에 대한 기본적인 개념 이해를 통해 집단에서 작용하는 사회적 지침과 구조를 알 수 있다. 이를 토대로 집단구성원들이 공동체감을 갖고 소속감을 느끼며 타인에게 헌신하게 되면서 나타나는 사회적 관심이 심리적 성장의 주요 요인이 된다.

또한 집단과정을 통하여 집단구성원이 얻게 되는 의미는 다양하다. 특히 집단상담은 단순하게 개인을 조력하는 이상의 것들이 있다. 집단상담을 통해서 집단구성원 지배성에서 평등성으로 변화되면서 사회적 힘을 얻게 된다. 집단상담은 민주적 진화의 산물이며 민주적인 욕구를 충족시켜 주는 도구다. 아들러학파인 상스트가르트와 비터(Songstegard & Bitter, 2004, pp. 8-12)가 지적한 집단상담의 몇 가지 주요한 의미는 다음과 같다.

첫째, 집단상담은 경험적 학습이다. 경험학습은 활동의 결과로 생기며, 경험함으로써 이루어진다. 집단에서 참여는 학습이 일어나는 데 필요한 행위다. 집단구성원이 집단에 참여하지 않고는 변화가 일어나지 않는다.

둘째, 집단상담은 표현의 발달을 격려한다. 집단상담은 발달과정에서 생겨난 간격을 채워 주고, 동등한 참여의 기회를 제공하고, 독특한 기여를 인정해 준다. 집단구성원이 서로를 확인하고 다양한 감정과 동기를 이해하게 되면서, 보다 더 적극적인 참여를 하게 된다. 집단회기에서 상호작용을 통해서 각 집단구성원은 자기 목소리를 찾고, 입장을 갖게 되며, 과거에 수용할 수 없었던 어떤 생각을 통합하게 된다.

셋째, 집단상담을 통해 집단구성원은 사회적 지지를 체험할 수 있다. 집단에서 지도자는 항상 집단구성원보다 덜 중요하다. 집단에 참여함으로써 자동적으로 상호 지지를 하게 되기 때문에 집단구성원은 서로 돕게 된다.

넷째, 집단은 실제적인 의미를 갖는 사회적 상황을 제공한다. 어떤 사람은 실제적인 사회적 상황에서 스스로 자신을 점검해 볼 기회를 갖지 못한다. 집단상담에서는 사회적 평등이 확립되어 있을 때 부족함은 그들의 불명예를 의미하지 않는다. 집단구성원들이 어려움을 가지고 있어도 사회적 지위의 상실을 생각할 필요가 없다. 모든 사람이 동일한 지위에서 출발한다.

다섯째, 집단상담은 가치를 형성하고 명료화하는 과정이다. 집단상담은 개인상담과 다르게 가치를 다루는 것을 피할 수 없다. 모든 인간의 가치, 신념, 확신 그리고 규칙은 본질적으로 사회적이고, 사회적 참여는 집단구성원의 입장을 나타내고 그들의 유용성에 도전한다. 그들은 실제 유용하지 않은 행동에 도전하고 그들을 지지한 가치를 강화한다. 집단상담은 시도 중에 있는 잘못된 가치체계를 찾아서, 비난 없이 교정이 이루어질 수 있도록 한다.

여섯째, 집단상담은 민주적 과정의 실행을 위한 구조를 제공한다. 집단상담에서는 구조가 분명하지 않으며, 상담자에 의해서만 단독으로 수행될 수도 없다. 구조는 인간 상호작용에 질서를 가져온다. 구조가 없으면 집단과정은 혼란스럽고 무질서하다. 집단상담에서 집단구성원은 집단지도자와 함께 구조를 공동으로 창조하게 된다.

2) 집단상담 과정

아들러의 개인심리학은 아동 및 청소년 지도 그리고 부모교육을 돕는 데 광범위하게 적용되고 있다. 상담의 주요 목표는 상담을 통해 열등감과 그릇된 생활양식을 파악하여 바람직한 방향으로 생활양식을 바꾸고, 궁극적으로는 사회적 관심을 가지도록 재교육 혹은 재정향을 위해 노력하는 것이다. 개인심리학 집단상담은 사회적으로 구축된 체계적인 접근 방법으로서 아들러의 개인심리학의 통합이며, 드레이커스 등에 의해 개발된 총체적 접근방법이다. 상스트가르트와 비터(Songstegard & Bitter, 2004)가 제시한 아들러 집단상담 모형의 단계적 과정은 [그림 3]과 같이 자료수집 및 집단관계형성, 심리적 평가, 심리적 노출 그리고 심리적 재정향과 재교육 등으로 이루어진다. 그 과정을 구체적으로 설명하면 다음과 같다.

(1) 자료수집

내담자와 잠재적인 집단구성원들에 대한 정보는 상담자에게 유용하다. 이러한 정보들은 가족구도에서 내담자의 위치, 개인적 관심을 설명하는 방식, 강점과 약점의 기술 그리고 집단경험을 통해서 얻고 싶은 것 등이다.

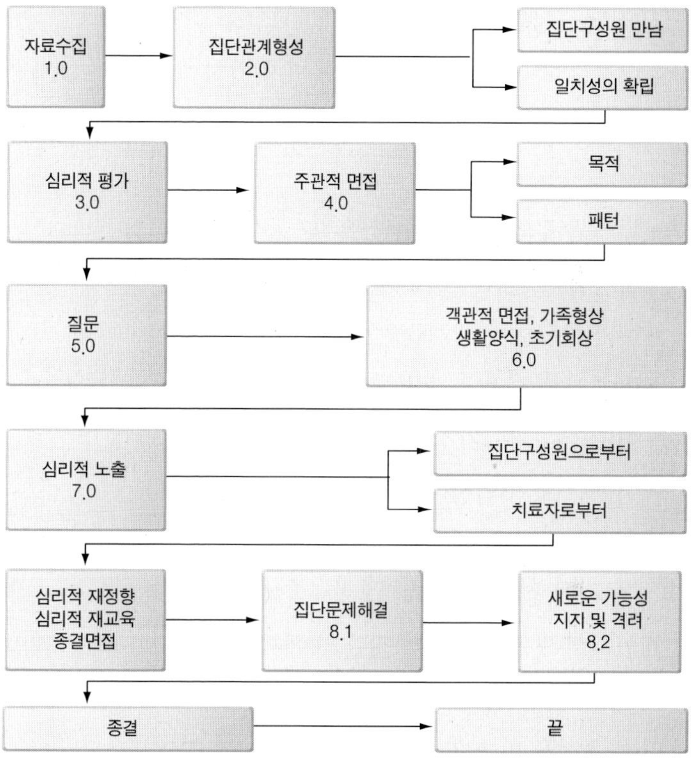

[그림 3] 아들러 집단상담의 흐름도(Sonstegard & Bitter, 2004, p. 61)

(2) 집단관계형성

집단이 순조롭게 시작될 수 있도록, 집단지도자는 집단의 크기, 장소, 집단구성원의 균형에 대한 어떤 전략을 갖는 것이 중요하다. 상담자는 이러한 문제들을 해결하기 위한 최적의 조건이 무엇인가를 고려해야 한다.

① 집단구성원 만남

상담자는 자신이 만날 사람들에게 침착하게 관심을 가지고 집단을 시작한다. 다음의 몇 가지 질문은 관찰을 촉진한다.

- 누가 누구와 함께 앉아 있는가?
- 사람들이 집단에 어떻게 들어오고 자리를 찾는가?
- 누가 누구에게 말하는가?
- 방에서 편하거나 불편해하는 수준은 어느 정도인가?
- 어떤 분위기인가?
- 어떠한 초기 인상이 형성되는가?

(3) 심리적 평가

개인심리학 심리평가는 집단 내에서 표현되고 드러난 개인적 행동 패턴과 동기 그리고 각 집단구성원이 경험한 사회적 맥락에 초점을 맞춘다.

① 주관적 면접

주관적 면접은 개인적인 이야기의 줄거리와 대부분의 집단구성원에게 적절하고 중요한 것에 대한 집단의 의견일치를 발전시키는 것이다. 질문의 공통적 언어를 찾는 것이 이 과정의 첫 단계다. 여러 집단구성원들이 제시한 내용에 존재하는 공통성을 찾거나 그것에 대해 질문하는 것이 집단 응집력을 형성하는 데 도움이 된다.

② 질문

문제가 해결된 상태를 상상해 보고, 해결하기 원하는 것들을 구체화하고, 명료화하며, 치료목표를 현실적이며 구체적으로 설정하기 위한 질문기법이다. 드레이커스는 변별진단의 목적으로 질문을 사용했는데, 응답을 통해서 문제가 신체적인 문제인지 혹은 심리적인 문제인지를 확인할 수 있다.

"만약 당신이 이러한 증상이나 문제가 사라졌다면, 당신은 어떻게 하겠습니까?"

"만약 당신에게서 이러한 증상이나 문제가 사라졌다면, 당신의 삶은 어떻게 달라지겠습니까?"

③ 객관적 면접

주관적 면접을 통해서 혹은 질문의 사용을 통해서 집단구성원들을 충분히 이해하였다면 객관적 면접을 생략할 수 있다. 표준 개인심리학 사정 절차는 각 구성원의 가족구도, 생활양식에 대한 개인적 접근 혹은 각 개인의 초기회상 해석의 이해를 포함한다. 구성원의 패턴들과 동기에 대해서 의심스러운 것이 있으면 이를 확인하기 위해서 한두 개 이상의 이러한 사정 도구를 사용할 수 있다.

- 가족구도: 가족구도의 사정을 통해서 상담자는 내담자의 생활에서의 주요한 영향들, 가족 내에서 그의 위치에 대한 내담자의 해석, 성 정체감의 윤곽을 형성하는 부모와의 경

험, 그리고 부모에 의해 만들어진 사회에서 삶의 해석을 확인하게 해 준다.

- 생애과제: 생애과제 사정은 상담자에게 개인이 삶의 문제를 다루기 위해 사용하는 적응 패턴을 발견하게 해 준다. 그리고 일상생활에서 지지 영역과 역기능의 영역을 찾고, 집단행동이 개인의 생활의 다른 부분에서 표현되는 정도를 이해하게 해 준다.
- 초기회상: 초기회상은 여러 가지 다른 목적으로 사용된다. 그것들은 자기, 타인, 삶 그리고 윤리적인 입장에 대한 각 개인의 확신을 사정하기, 치료 관계에서 집단과정에 대한 집단구성원의 입장과 관계를 사정하기, 대처행동과 동기를 확인하기, 그리고 강점과 자산 혹은 각 개인의 삶에서 방해하는 생각이나 잘못된 신념을 확인하기를 포함한다.

개인심리학 상담자는 초기회상을 투사적 기법으로 사용하기 때문에 그것들을 개방형 질문으로 소개하는 경향이 있다. "당신이 아주 어렸을 때로 되돌아가 돌이켜 생각해 보세요. 당신에게 단 한 번 일어났던 어떤 사건을 나에게 말해 주세요." 대부분의 사람은 6~12세의 어린 나이의 기억들을 가지고 있다. 이러한 기억들은 개인이 자기 그리고 삶에 대한 항상성의 느낌을 유지하기 위해서 사용하는 자기가 선택한 이야기다. 이야기의 내용은 내담자가 그것들을 기억하고 있는 이유만큼이나 중요하지 않다. 기억 속의 내담자의 삶의 위치는 특별한 의미를 갖고 있는 이야기로서 기억에 대한 생각을 가끔 드러내 보여 준다. 해석은 집단 내에서 집단구성원과 함께 가능한 의미에 대한 추측을 제공하면서 공동으로 이루어진다. 마지막으로, 개인은 사적인 의미를 가지고 있는 해석에 동의하거나 인식해야 한다.

④ 심리적 노출

심리적 노출은 집단과정의 어떤 시점에서 이루어질 수 있다. 처음의 노출은 집단지도자로부터 시작되는 경향이 있지만, 되도록 빨리 집단구성원을 과정에 포함시키는 것이 중요하다. 집단은 서로 함께 작업하고 바람직한 변화를 고려하는 기초로서 서로의 삶의 의미를 탐구하도록 초대된다. 심리적 노출은 무의식적 과정을 의식화시키고 집단의 불필요한 상호작용을 직면하고 혹은 행동의 이면에 숨겨져 있는 가능한 동기를 탐구함으로써 이해를 높이기 위해서 이용된다.

⑤ 심리적 재정향과 재교육

심리적 재정향은 치료의 끝부분인데, 집단구성원의 삶의 자세에 변화가 시작된다. 이는 유용한 방식으로 생애과제에 대처하고 다가가도록 돕는 것을 의미한다. 개인심리학 상담자는 이러한 유용성을 자신들의 지역사회에서 소속감과 가치감을 형성하는 것으로 정의한다. 이는 자기전념, 철회, 고립 혹은 자기보호로부터 지역사회 감정과 사회적 관심의 발달로 변해 갈

것을 요구한다. 용기, 불완전의 수용, 확신, 유머감, 헌신하려는 의지, 타인의 복지에 대한 관심 그리고 사람에게 우호적으로 다가가는 것과 같은 지역사회 감정과 연결된 특성들이 나타난다.

때로 심리적 재정향은 동기의 수정, 새로운 의미의 창조, 혹은 새로운 가능성이나 선택의 발달을 통해서 이루어진다. 가장 일반적인 재정향의 과정은 집단문제해결, 새로운 가능성을 지지하고 격려하기다.

- **집단문제해결**: 성공적인 집단문제해결은 어떤 문제에 내포된 자기와 타인에 대한 심리적 이해가 이루어짐에 따라 좌우된다. 집단문제해결과 새로운 가능성의 발생은 함께 이루어지는 경향이 있다. 어떤 의미에서 보면, 집단문제해결에서 이 단계는 처음부터 집단과정의 일부가 되어 왔다. 문제해결 기제들은 안전한 분위기와 상호 존중 확립하기, 집단구성원의 상호작용에 대한 심리적 이해 명료화하기, 타인으로부터 오는 정보에 개방하도록 요청하기, 최대한 많은 선택 만들기 그리고 내담자에게 맞는 건설적인 가능성 확인하기를 포함한다.
- **새로운 가능성을 지지하고, 격려하기**: 새로운 가능성을 실현시키기 위해서는 항상 지지와 격려가 필요하다. 개인심리학 상담자는 집단구성원이 제안한 해결책을 연습하도록 역할놀이와 심리극 기법을 사용할 수 있다. 치료집단은

집단구성원의 성공을 축하해 주는 이상적인 장소다.

집단에서의 향상을 측정하는 방법은 자신의 생애과제를 인식하고, 타인과 인식을 주고받고, 사회적 관심을 가지고 협력할 수 있는 증가된 역량을 측정한다. 다른 집단구성원들과 효과적으로 상호작용할 수 있는 개인의 역량은 집단경험의 목표 중의 하나인 사회적 성장이다.

3) 집단의 유형

개인심리학 상담자가 잘 이용하는 집단방식은 토론집단, 자문집단, 상담집단 그리고 생활양식집단으로 분류할 수 있다(Sweeney, 1998). 각 집단은 다시 세부적인 하위 유형으로 나눌 수 있지만, 여기서는 대표적인 집단양식만을 간단하게 설명한다.

(1) 토론집단

개인심리학 집단에서 아동에게 가장 중요한 것은 그들이 일상생활에서 경험하는 문제들을 해결하기 위하여 개인적·집합적으로 지적 능력을 사용할 수 있도록 하는 것이다. 아동을 위한 토론집단에는 학급모임, 또래중재와 갈등해결이 있다.

① 학급모임

글래서(Glasser, 1969)는 다음의 세 가지 유형의 학급모임(개방형 모임, 교육진단 모임 그리고 사회적 문제해결 모임)을 제시하였다.

- **개방형 모임**: 아동은 그들에게 관심을 불러일으키는 어떤 사고-자극 질문의 토론에 참가한다. 이러한 토론에서, 교사는 아동의 창조적이고 합리적 사고의 능력을 자극할 목표를 갖고 있어야 한다.
- **교육진단 모임**: 수업시간에 공부하는 것과 관련된다. 교사로 하여금 학생들이 수업시간에 공부하는 것을 잘 이해하고 있는지를 신속하게 결정하도록 해 준다.
- **사회적 문제해결 모임**: 학급과 학교에서 개인과 집단의 교육적 문제들을 토론하고 잠재적인 해결을 위해서 이루어진다.

아동은 집단에서 특별한 훈련을 받아야 한다. 보통 집단으로부터의 자연스러운 지도력이 몇 주 안에 생겨나기 때문에 교사는 집단구성원에게 지도력을 넘겨 줄 수 있다. 구성원이 집단토론의 기초를 일단 학습하게 되면, 교사는 자문의 역할을 한다.

② 또래중재와 갈등해결

학교 상황에서 갈등을 해결하도록 돕기 위해서 또래집단을 사용하는 것은 성인의 최소한의 개입으로 상당한 효과를 거둘 수 있다. 많은 학교에서 학생들 간의 어떤 문제들을 완화시키는 수단으로 학생들의 중재훈련을 이용하고 있다. 훈련은 기본적인 경청과 반응기술을 포함하며, 중재과정에서 지도·감독하에 실습을 추가하고 있다.

(2) 자문집단

부모와 교사를 위한 자문집단은 그들의 생활 상황에서 아들러의 개인심리학 이론의 원칙과 방법을 적용해 보면서 집단의 능력을 강화시키기 위해 고안된 것이다. 이 집단의 목적은 다음과 같다.

첫째, 성인-아동의 관계에서 개인심리학의 실제적인 적용 방법을 이해하도록 돕는다.

둘째, 성인-아동 갈등에서 성인의 느낌과 행동을 이해하도록 돕는다.

셋째, 성인이 자신을 잘 이해할수록 아동과 보다 더 효과적으로 작업할 수 있을 것이라는 신념을 갖도록 돕는다.

(3) 생활양식집단

자기탐색과 잠재적 변화의 수단으로 생활양식을 이용하는 집단은 자신의 생활 계획을 찾고자 하는 것을 강조하는 정도에서 근본적으로 다른 집단과는 다르다. 생활양식집단의 목적은 다음과 같다.

- 각 집단구성원이 자신의 발달에서 개인심리학의 적용을 이해할 수 있도록 하기 위해
- 각 집단구성원이 자신의 기본적인 생애과제에 접근하고 지각하는 특징적인 방식을 발견하도록 하기 위해
- 각 집단구성원이 생활양식 기법을 확인하면서 다른 집단

구성원들과 자기, 타인 그리고 생활에 대한 자신의 지각을 검토해 보도록 하기 위해
- 각 집단구성원이 자신이 원하는 도움과의 어떤 특정한 갈등을 해소할 수 있도록 하기 위해

4) 개인심리학 집단상담 사례

국내에서 다양한 개인심리학 집단상담 프로그램이 개발되어 참여자들의 자기격려, 자아존중감, 사회적 관심 등을 향상시키고 열등감, 자기낙담, 외적 통제 등을 감소시키는 데 효과가 있음이 입증되었다. 여기서는 김미란(2006)이 남녀 고등학생을 대상으로 격려집단상담을 실시하여 자아존중감, 내적 통제, 사회적 관심의 향상과 외적 통제의 감소를 입증한 프로그램의 각 회기 목표의 내용을 간단히 소개하고자 한다(〈표 6〉 참조).

〈표 6〉 격려집단상담 프로그램

회기	목표
제1회: 친밀감 형성과 열등감 이해하기	1. 프로그램의 목표, 내용, 규칙을 이해한다. 2. 집단구성원들 간의 친밀감을 형성한다. 3. 열등감의 원인과 기능을 이해한다.
제2회: 생활양식 이해하기	1. 독특한 방식으로 열등감을 보상하려는 노력의 결과로 생활양식이 형성된다는 것을 안다. 2. 생활양식이 개인의 사고, 정서 및 행동의 기반이 된다는 것을 안다.
제3회: 긍정적 자아상 만들기	1. 자신의 강점에 초점을 맞출 수 있다. 2. 자기의 가치를 있는 그대로 수용한다. 3. 긍정적 자아상을 갖는다.
제4회: 자기능력 믿기	1. 타인의 인정에 의존하지 않고 자신의 잠재력을 평가한다. 2. 자신의 능력을 믿는다.

제5회: 낙담하게 하는 신념에 도전하기	1. 자신을 낙담하게 하는 비판적 신념을 확인한다. 2. 신념이 상황이나 사건을 보는 관점을 제한한다는 것을 안다. 3. 신념을 변화시킴으로써 긍정적으로 사고하는 방법을 배운다.
제6회: 사적 논리와 대안적 사고 찾기	1. 자신과 타인 및 세상에 대해 가지고 있는 사적 논리를 탐색한다. 2. 문제를 해석하고 해결하는 방법에는 다양한 관점들이 있다는 것을 이해한다.
제7회: 숨겨진 목표 탐색과 새로운 행동 목표	1. 모든 행동에는 목표가 있다는 것을 안다. 2. 자신의 행동 목표를 인식한다. 3. 현실적이고 건강한 목표와 그 행동 방향을 설정한다.
제8회: 자기격려와 타인 격려	1. 자신이 독특한 가치를 지닌 인간이라는 것을 믿는다. 2. 결과보다 노력에 초점을 맞출 수 있다. 3. 타인을 격려할 수 있다.

출처: 김미란(2006).

4. 훈육

훈육은 교육에서 가장 본질적이며, 가장 어려운 측면이다. 많은 사람들이 왜곡된 훈육관을 가지고 있는데, 이는 훈육에 관한 딜레마의 한 원인으로 작용한다. 그 왜곡은 '훈육'이라는 단어를 '벌'(특히 체벌)을 통한 통제의 의미로 사용하는 것이다. 훈육은 벌과 동의어로 간주되어서는 안 된다. 벌은 훈련에 실패할 때 혹은 훈련 대신에 사용되는 것이다. 벌은 '하지 말아야 할 것'은 가르치지만 '해야 할 것'을 가르치지는 못한다. 훈육은 교사나 부모에 의해 부과되는 것이 아니라 아동 자신 혹은 집단에 의해 부과되는 것이다. 이는 두려움에 의한 맹목적 복종이 아닌 현명한 자기 통제인 것이다. 훈육은 책을 통해 가르치거나 요구에 의해 획득되는 것이 아니다. 훈육의 모든 측면들은 사회적 관계로부터 나온다. 훈육은 내적인 과정이며, 개인 가치의 통합된 부분이다.

아동의 문제행동을 훈육·교정하기 위한 효과적인 절차를 스위니(Sweeney, 1998)는 다음과 같이 CARE 단계로 요약하고 있다.

- 자제하라. 충동적으로 행동하지 말라(**C**atch yourself: Don't act impulsively).
- 목적을 평가하라. 그 행동에는 어떤 목적이 있는가? (**A**ssess goals: What goals are served by the behavior?).
- 결과와 격려로 반응하라(**R**espond with consequences and encouragement).
- 일관성 있고 우호적이고 존중하면서 실행하라(**E**xecute with consistency, friendliness, and respect).

1) 자제하기

성인은 아동에 대한 훈육 및 교정 활동을 시작하기 전에 우선 비훈육적·비교정적인 행위를 중단하여야 한다. 부모와 교사는 예전에 자신들의 부모나 교사가 자신에게 대했던 방식으로 아동을 대하는 경향이 있다. 그러나 부모가 어렸을 때 접하였던 권위적인 훈육 방식은 오늘날과 같은 민주 사회에서는 효과적이지 않다. 따라서 부모와 교사는 민주 사회에 적합한 훈육과 교정 방법을 배워야 한다. 민주주의의 가르침 중 하나는 사회구성원 간의 동등성을 전제하고 상호 존중을 강조하는 것이다. 아동을 훈육하는 과정에서도 아동보다 우월적인 위치에서 지시적인 훈육을 하기보다는 아동의 자율성을 존중하고 협력적인 접근을 하는 것이 필요하다. 따라서 아동을 통제하려고 하기보다는 아동으로 하여금 자기훈육을 배우도록 도와주어야 한다.

특히 아동의 잘못된 행동에 대해 성인이 충동적으로 반응하는 것은 비교정적이다. 성인의 충동적 반응은 아동의 관심을 받는 결과를 낳기 쉽다. 이럴 경우 아동의 잘못된 행동은 성인으로부터 관심받는 결과(부정적이긴 하지만)를 낳기 때문에 강화된다. 또한 성인이 충동적으로 하는 행동을 중지하더라도, 어떤 아동에게는 관심 끄는 행동이 증가할 수도 있다. 아동이 관심을 받을 때만 자신의 가치를 인식할 수 있다면, 아동은 자신의 방식 안으로 성인을 복귀시키려고 필사적으로 시도할 것이다. 성인은 이 점까지 고려하여 충동적인 반응을 자제하여야 한다.

성인은 자신이 개인적으로 모욕당했다고 판단하고 지각하기 때문에 화를 내게 되는 경우가 자주 있다. 예를 들면, '저 애가 지금 무엇을 하고 있는지 좀 봐! 내가 하지 말라고 말했는데 감히 말을 안 듣다니, 혼내 주어야겠어.'라고 아버지가 생각한다고 하자. 그런 다음 아버지는 자신의 입장에서 말하고 위협하고 또 다른 방식으로 행동한다. 아동의 행동을 충분히 이해하고 이에 적절한 효과적인 방법을 찾아 대처하기보다는 훈육의 생각은 순식간에 뇌리에 스쳐 가고, 감정은 동시에 고조된다. 그는 실제로 무엇이 일어났는지를 인식조차 못할 수 있다. 그러나 감정은 기억된다. 감정은 이 사건 후에도 남아 있고 다음 토론 중에 쉽게 되살아날 수 있다. '아버지가 새로운 메시지, 새로운 통찰 그리고 새로운 행동 대안을 개발할 수 있는가?' 답은 교육적인 지도, 연구, 실습이 있으면 '예'다.

또한 대부분의 성인들은 말이 의사소통의 주요 수단인 것처럼 행동한다. 무엇인가 자신에게 맞지 않을 때는 언제나 말을 한다. 아동이 거의 경청하지 않더라도 말을 한다. 사실, 성인은 아동이 경청해야 한다는 점에 대해 아동과 비언어적으로 합의한다. 부모, 교사 및 아동과의 상담과 자문에서 말의 내용보다는 지시가 반복된 횟수, 목소리의 높이, 억양 등과 같은 요인이 아동에게 더 많이 전달된다는 것을 보여 준다. 성인은 너무 많이 말하는 경향이 있다! 새로운 규칙을 설정하라. 한 번만 지시하라. 그리고 그 후에는 예외적인 경우나 편안할 때만 반복하라. 말로 하지 말고 행동하라. 중요한 것은 의도를 전달하는 것이다.

아동을 지도하는 성인에 대한 아들러학파의 생각을 요약하면 다음과 같다.

- 아동의 행동을 통제하여야 한다는 잘못된 관점으로부터 벗어나기
- 먼저 나의 행동을 바꾸어야 한다는 책임감을 받아들이기

- 아동 또는 청소년이 주어진 환경하에서 그들이 지각하는 것에 따라 할 수 있는 최선의 선택을 하고 있음을 존중하기
- 아동은 그들에게 가용하게 여겨지는 어떠한 수단을 써서라도(즉, 사회적으로 유용한 또는 유용하지 않은 행동으로) 자신을 위한 여지를 만들려고 한다는 것을 인식하기
- 아동이 행동을 잘못하는 것은 학급 또는 가족의 참여적인 구성원으로서 내적인 낙담을 밖으로 드러내는 표시임을 이해하기
- 우리 모두가 해야 할 일상적인 과제에 우호적으로 참여함으로써, 아동이 자기훈육과 협력을 배우도록 돕는 데 전념하기

2) 목적 평가하기

모든 행동은 목적적이라고 가정함으로써 교실이나 가족 내에서 일어나는 수많은 행동을 관찰할 때 매우 흥미 있는 탐색 영역이 열린다. 경험 없는 관찰자는 아동이 단순히 활동적이고 놀기 좋아한다고 결론지을 수 있다. 신참 교생은 학생들이 교사를 교실 밖으로 몰아내려고 하며, 그리고 때로는 학생들이 교실 밖으로 나가려고만 한다고 느낄 수 있다. 아들러학파는 아동의 파괴적 행동들이 목적(즉, 의식적 또는 무의식적으로 파괴적 행동을 통하여 얻고자 기대하는 것)에 따라 범주화될 수 있다고 생각해 왔다. 보통 이러한 목적들은 10세까지의 아동의 문제행동 속에서 매우 쉽게 파악될 수 있다. 10세 이후에도 특정

목적들이 여전히 청소년과 성인의 행동 속에서 관찰될 수 있지만, 이는 덜 포괄적이고 다른 목적들과 함께 추구된다.

문제행동의 네 가지 목적은 관심 끌기, 힘의 추구, 복수하기 그리고 부적절한 또는 가장된 무능력이다. 각각에 대한 설명은 다음과 같다.

(1) 관심 끌기

아동과 성인이 인정받기를 즐기는 것은 매우 정상적이다. 그러나 관심 끌기가 골치 아픈 일이 되면, 관심 끌기는 잘못된 행동의 한 형태이며 낙담의 초기 신호다. 드레이커스(Dreikurs, 1968)는 관심 끌기 행동이 적극적-건설적(예, '완벽한' 아이, 명석한 두뇌), 수동적-건설적(예, 무기력하여 언제나 남자에게 의지하는 여자, 자만심), 적극적-파괴적(예, 허세 부리기, 폭군) 또는 수동적-파괴적(예, 언어장애, 공포)일 수 있다고 언급하였다. 전자의 두 가지 유형은 '모범적인' 아동의 '좋은' 행동이나 매력적인 사람의 '귀여운' 행동을 수반하기 때문에, 성인은 자주 간과하게 된다. 후자의 두 가지 유형에 속하는 지속적인 관심 끌기 행동은 간과되는 경우가 거의 없다. 연필을 톡톡 치기, 책 떨어뜨리기, 지시를 잊어버리기, 늦게 오기 등등은 성인을 매일매일 산만하게 하고 인내의 한계에 이르게 한다. 관심 끌기에 있는 아동의 메시지는 다음과 같다. "다른 사람들이 나를 알아주고 나에게 봉사할 때만이 내가 정말 값어치가 있을 때야."

(2) 힘의 추구

아동은 매우 어린 나이에, 즉 일반적으로 2세 무렵에 '아니요'라고 말하는 즐거움을 발견한다. 이는 "내가 하고자 하는 것을 할 수 있고 당신은 내가 하지 않으려는 것은 어떤 것도 하게 할 수 없다."는 말이다. 또한 이러한 행동은 적극적 및 수동적 차원에서 파괴적 형태를 취한다. 어떤 아동은 단순히 매우 고집이 센 반면, 어떤 아동은 공개적으로 반항할 것이다. 어느 쪽이든 성인은 일반적으로 자신이 도전받고 있음을 안다. 힘의 추구에 있는 아동의 메시지는 다음과 같다. "내가 원하는 것을 할 수 있다는 것을 다른 사람들이 알 때만이 내가 정말 값어치가 있을 때야."

(3) 복수하기

거짓말하기, 훔치기 또는 타인 상해에 수반하는 도덕적 비난 때문에 적극적이고 파괴적인 복수 행동은 성인을 자주 곤란하게 한다. 성인이 아동을 벌주기 위하여 힘을 사용하면, 관심 끌기와 힘의 추구가 실패할 때 아동이 하게 되는 행동에 본보기가 된다는 것을 알아차리지 못한다. 복수하기에 있는 아동의 메시지는 다음과 같다. "나는 사랑받을 수 없어. 그러나 나는 다른 사람들을 해칠 수 있지. 그러면 그들은 내가 가치 있다는 것도 알 거야."

(4) 부적절한 또는 가장된 무능력

가장 수동적인 아동은 가장 기가 꺾인 아동인데, 이들에게는 도움을 주기가 가장 어렵다. 몇몇 성인은 일상생활 과제로부터 철회한 아동을 간과할 수 있다. 그러나 이들의 메시지는 분명하다. "내가 줄 수 있는 것은 아무것도 없기 때문에, 나에게 어떤 것도 기대하지 마세요." "나는 우둔하고, 부적절하고, 정말 희망 없어. 그렇다면 왜 노력을 해야 하지? 나에게 어떤 것도 기대하지 마. 노력하는 것은 모든 사람에게 이를 알게 하는 것일 뿐이야."

[사례] 철수는 영리하고 잘생기고 건강하게 보이는 1학년 아동이다. 철수는 학년 초에 국어와 수학을 잘 하였다. 철수의 가정 상황은 부모가 최근 이혼하여 매우 불안전하였다. 철수의 파괴적인 행동은 온갖 방식으로 관심을 과도하게 끄는 것으로 시작하였다. 교사는 철수를 이해하려고 하고, 다독여 주었으며, 대체로 동정적이었다. 그러나 시간과 인내에는 한계가 있었다. 점차 철수는 교사의 지시에 저항하고, 교사를 비난하고(힘), 교실의 다른 아이들을 상해하기 시작했다(복수). 이 시점에서 상담자는 교실에 방문해 주기를 요청받았다. 10분 동안에 철수는 14번 파괴적인 방식으로 앉은 자리를 벗어났다. 두 명의 교사는 요즈음 철수에 대처하는 것이 힘들었다고 보고하였다. 철수는 학교가 끝나도 학교에 남아 있게 해달라고 하였으며(부적절), 어떤 학업은 하지 않으려고 하고(부적절), 싸움 때문에 통학버스 승차가 거부될 지경에 이르렀다.

〈표 7〉 파괴적 행동의 네 가지 목적과 관련한 전형적인 행동

목 적	행 동	
관심 끌기	적극적–건설적	수동적–건설적
	귀여운 말 주목을 끌기 위한 행위 수월성 추구 다른 활동을 면제받는 근면성	과도하게 즐거워함 과도하게 매력적 과도하게 양심적
	적극적–파괴적	수동적–파괴적
	과시, 허세 익살, 어릿광대 '유아기 무서움' 예측할 수 없는	수줍어함 두려움에 차 있음 단정치 못함, 난잡함 기묘한 것을 먹음
힘의 추구	적극적–파괴적	소극적–파괴적
	논쟁 반박 '나쁜' 습관을 보임 역정 내기 꾸물대기	일하기 싫어함 고집이 셈 말 안 듣기 잊어버리기
복수하기	적극적–파괴적	소극적–파괴적
	품행불량 훔치기 밤에 오줌 싸기 싸우기	방해하기 은밀한 수단으로 공격하기 무책임하기
부적절 또는 가장된 무능력		수동적–파괴적
		게으름 어리석음 우둔함

아동은 일반적으로 자신의 행동 목적을 인식하지 않는다. 많은 아동들은 상담자를 통해 자신의 행동 목적을 알아차리게 될 때 파괴적인 행동을 멈춘다. 교사와 부모가 훈련과 슈퍼비전을 받고 있지 않다면, 이런 식으로 아동을 직면하는 것을 자

제해야 한다. 훈련받지 않은 성인은 아동에 대해 관계를 악화시키는 방식으로 편견을 갖거나 낙인찍을 가능성이 있다.

3) 결과와 격려로 반응하기

여기서는 개인심리학 상담 방법의 세 가지 중요한 개념인 자연적 · 논리적 결과 그리고 격려에 대해 살펴본다.

(1) 자연적 · 논리적 결과

자연적 · 논리적 결과의 효과성의 이면에 있는 개념은 논리적 질서와 현실의 압력이다. 아들러학파는 삶에 자연적 질서가 있음을 믿는 것과 같이, 논리적인 사회적 질서도 있음을 믿는다. 모든 세대의 성인들은 새로운 세대가 사회적 삶의 논리를 이해하거나 발견하도록 돕지 않으면서, 이를 수용하고 따라야 할 규칙으로 제시하는 경향이 있다. 어떤 규칙은 비논리적이고 임의적이어서 아동은 이를 금방 알아차린다. 그러한 규칙은 힘겨루기에서 갈등게임을 정당화한다. 그러나 아동과 청소년이 일상생활에서 자연적 · 논리적 질서를 경험하도록 인내심을 갖는 것은 효과적인 생활지도의 핵심 중 하나가 된다.

훈련 방법의 기초인 사회적 민주주의로 무장하면, 성인은 힘을 임의적으로 행사하는 것으로부터 빠져나올 수 있다. 자연적 · 논리적 결과를 포함하여 민주적인 방법을 사용하면 이전에 계속된 문제도 즉각 교정되는 경우가 많다. 이것이 효과적으로 작용하는 이유는 다음과 같은 경험 법칙과 관련된다.

- 논리적 결과를 고려하기 전에 자연적 결과를 먼저 찾는다.
- 실행 전에 학급 또는 가족의 '새로운 규칙'을 제시하고 토의한다.
- '새로운 규칙'은 성인을 포함하여 누구에게나 적용한다.
- 대안은 항상 개인에게 개방적이다(예, "너는 울기를 멈추거나 또는 네 방으로 들어가서 다 울고 나서 다시 나온다.").
- 말이 아니라 행동으로서 일관성 있게 '규칙' 또는 결과를 실행한다.
- 힘겨루기가 진행 중일 때(즉, 분노감정이 있거나 도전적인 힘이 행사되고 있을 때)는 논리적 결과를 피한다.
- 가족과 학급 구성원의 분별없는 행동에 대해 결과를 사용하기 전에, 중간에 그리고 사용한 후에 전반적으로 우호적으로 대한다(예, "나는 너에게 그렇게 말했다."는 언급을, 언어적으로나 비언어적으로, 미리 또는 나중에 하지 않는다.).
- 함께 나누고 참여하고 협력하는 많은 긍정적인 방식에 대한 격려를 강조한다. 특히 낙담 행동을 보일 때, 자신의 입지, 특히 소속감을 느끼고 알게 한다.
- 함께 즐거운 시간을 갖는 것은 계획의 실행에서 중요한 측면이다.

이러한 방법을 아는 것으로 실수가 없어지거나 화가 나는 것이 없어지지는 않을 것이다. 아동이 여전히 어떤 행동을 계속하고 있다고 성인이 보고할 때를 보면, 경험의 법칙 중 한 개

이상을 빠뜨리거나 잘못 적용하는 경우가 있음을 자주 보게 된다. 성인은 때로 결과가 작동하지 않고 대신 역효과가 있을 수 있음을 알아야 한다. 분노하면서 부가한 논리적 결과는 처벌이 된다. 논리적 결과가 힘 지향적인 아동에게는 자연적 결과만큼 효과적으로 작용하지 않는다. 이러한 아동은 다른 사람의 개입을 힘의 행사로 간주하는 경향이 있기 때문이다. 이럴 경우에는 성인에게 힘겨루기로부터 벗어나도록 권유한다. 화난 감정이 가라앉을 때, 무엇이 왜(즉, 어떤 목적이 있었는지) 일어났는지에 대해 토론하는 것이 우호적인 관계를 회복하는 데 도움이 된다.

(2) 격려

격려는 긍정적 특성을 확인하고 지지하고 증진시킨다. 격려의 목적은 환경이 어떠하든, 결과가 무엇이든 간에 이를 극복할 수 있음을 근본적으로 믿게 하는 용기를 북돋아 주는 것이다. 패배나 실패에 직면하더라도 절망이나 실패감을 느끼지 않는 것이다. 부모나 교사가 자신의 많은 사소한 행동들이 아동이나 청소년에 대한 불신을 전하고 있음을 잘 알아차리지 못하고 기를 꺾는 일이 흔히 일어난다. 격려는 효과적인 아동지도 방법임을 기억해야 한다.

다음은 격려의 지침들이다.

• 잠재력이 아니라 있는 그대로의 모습을 수용하고 믿음을

가져라.

- 아동이나 청소년이 과제를 잘 다룰 것으로 기대하고 행동으로 이러한 기대를 보여라.
- 잘못된 행동을 접했을 때, 행위와 행위자를 구분하라.
- 실수, 패배 또는 실패는 생활에서 일반적인 것이며, 재앙이 아니라는 사실을 확신하라.
- 어떻게 하고 있는가를 평가하기보다 행위의 즐거움과 성취의 만족을 강조하라.
- 과정을 인지하고 진정한 노력에 대해 충분히 격려하라.
- 아동의 유능성에 확신을 보이고 다른 사람과 비교하지 마라.
- 학습 정도, 인내, 깔끔함 또는 흥미와 같은 면에서 개인차를 허용하라.
- 끊임없이 격려 과정을 깨뜨리려고 하더라도, 아동을 결코 포기하지 마라.

이러한 것들 중에 마지막 지침은 특히 중요하다. 매우 낙담한 사람에게는 사적 논리(인생, 자신, 타인에 대한 가정과 확신)가 있다. 이러한 관점과 행동이 외부 관찰자에게 쓸모없는 것으로 보여도, 이들은 이를 쉽게 포기하지 않는다. 왜냐하면 환경이 불만족스럽게 보여도 아동은(그리고 성인도) 자신의 방어적 행동을 포기하면 상황이 더 나빠질 것이라고 믿고 있기 때문이다. 예를 들어, 이들은 '다른 사람들은 내가 노력하고 있지 않고 실패하고 있다는 것을 알아. 이들은 내가 노력하기를 바라지만 그렇게 되면 모든 사람들은 내가 정말로 얼마나 어리석은지, 이를 얼마나 두려워하는지를 알게 되겠지.'라고 생각할 수 있다.

드물게 일어날지라도 성공 목록이 있을 때까지, 가능하면 실패를 막아야 한다. 예를 들어, 다음과 같이 말하고 행동함으로써 성공경험을 강화할 수 있을 것이다.

격려하는 말은 다음과 같다.

- 너는 ______을 즐기는 것 같구나.
- 나는 너와 함께하는 것이 즐겁다.
- 다른 사람들이 너의 도움에 감사하는 것 같아.
- 시작하기는 어려운 거야.
- 너 생각에는 어때?
- 내가 도움이 되면, 말해 줄래.
- 실수가 도움이 될 수도 있어.

격려 행동은 격려의 말보다 훨씬 중요하다. 우리는 다른 사람이 자신감을 갖고, 자신을 신뢰하고, 불완전할 용기를 갖도록 도울 수 있다. 다음은 격려 행동의 몇 가지 예다.

- 아동이 처음으로 혼자 무엇인가를 하려고 노력할 때, 요청하지 않는다면 언급, 평가 또는 개입이 없이 이룩한 성공뿐만 아니라 실수를 통해서도 배우도록 놔두어라. 원할

때는 적극적으로 도움을 주라. 그러나 대신해 주지 마라. 나중에 언어적 격려가 필요하면, 어떻게 했는가를 평가하지 말고, 노력에 대한 감정을 포착하고 반영하라.

- 아동이 꾸물거리거나, 단정하지 않거나, 성인과 다르게 행동하거나 다른 모습을 보일 때, 인내하고 친절하게 행동하라. 아동이 뒤진 것을 만회하거나 하는 일을 끝낼 때까지 다른 일에 신경을 써라.
- 다른 사람이 실수하거나 사고를 낼 때, 그들이 실수를 교정하고, 일을 마무리하고, 보복하지 않고, 다시 시도하도록 허용하라. 매우 낙담한 아동이 도움을 바란다면 우호적인 방식으로 자진하여 도와주어라. 그러나 대신해 주거나 모든 것을 돕지 않도록 하라. 아동에게 친근함과 협력을 보여라.
- 낙담이 드러나면 할 수 있고 도움이 되는 일거리를 주거나 또는 이들을 위한 행동을 통하여 학급, 가족 또는 집단에서 자신의 자리가 있음을 알도록 도와주어라(예, 이들에게 도움을 요청하기, 우표수집가를 위해 특정 우표 모으기, 다른 사람의 팔찌용 장식물 사 주기, 즐길 수 있는 것을 보거나 참여할 시간 갖기).
- 아동의 동행을 즐기거나 아동의 도움에 감사할 때, 성인은 미소, 쓰다듬기, 또는 아동이 이해할 수 있는 다른 비언어적 행동을 보일 수 있다.
- 경쟁적인 게임을 할 때, 성인은 그들의 동기(즉, 어떤 대가

를 치르더라도 이기기 또는 할 수 있는 최선을 다하고 승패를 즐기기)를 확인할 수 있다.

4) 일관성, 우호성, 존중으로 실행하기

첫째, 일관성은 교정행동을 하는 데 매우 중요하다. 동의한 규칙에 예외를 만드는 것은 다른 경우에 다른 규칙을 수정하려는 더 큰 싸움을 야기한다. 이는 모든 부모 또는 교사가 경험해 온 시험하기 게임이다. 우호성은 질서 유지에 필요한 엄격함에서 비롯된 경직성을 제거할 것이다.

둘째, 어떤 아동은 새로운 규칙이 자신에게 적용된다는 것을 알게 될 때 사납게 울게 될 것이라는 점을 인식하라. 이들은 규칙의 실행에 대해 무엇인가 불공정하다고 주장할 것이다. 규칙이 모두에게 적용된다면, 아동은 이러한 적용의 논리를 알게 될 것이다. 아동은 그래도 논의의 결과를 회피하려고 할 수 있다. 그러한 경우에 침묵은 금이다.

셋째, 실수를 두려워하지 말고 불완전할 용기를 가져라. 때때로 성인은 잘못 행동할 가능성 때문에 위축된다. 이런 관점은 아들러학파가 다른 사람의 학습을 조력하는 전략에 대해 반대되는 결과를 가져온다. 사람은 행함으로써 배운다. 성공뿐만 아니라 실수함으로써도 배운다. 만약 부정적인 사고에 안주한다면, 옛 방법으로 돌아가고, 또한 패배감을 느끼게 되는 경향이 있다.

넷째, 한 번에 한두 가지 권고 사항만을 실행하라. 한 번에

한 유형의 행동을 교정하라. 성인에게도 성공경험이 중요하다. 성인이 이러한 방법에 처음 접하는 경우라면, 너무 많은 것을 너무 빨리 적용하려다가 혼란에 빠지고 실망하게 될 수 있다.

5. 부모교육

부모에게 가장 주요한 역할은 부모역할이다. 대부분 부모들은 자신에게 가장 중요한 부모역할을 잘하는 것이 쉽지 않다는 것을 깨닫곤 한다. 아들러의 개인심리학이 대중화되는 데 가장 크게 기여한 것이 개인심리학 이론에 근거한 부모교육 혹은 부모역할훈련이다. 대표적인 부모교육으로서 알려진 '효과적 부모역할을 위한 체계적 훈련(Systematic Training for Effective Training: STEP)'을 개발한 딩크메이어 부부(Dinkmeyer & Dinkmeyer)는 아들러학파다. 또한 팝킨(Popkin)이 개발한 '적극적 부모역할훈련 지금(Active Parenting Now: APN)'도 주요한 이론적 배경이 아들러의 개인심리학이론이라고 할 수 있다. 따라서 여기서는 현재 실용적으로 적용되고 있는 '적극적 부모역할훈련 지금(APN)'을 바탕으로 부모교육에 대해 살펴보고자 한다.

1) 적극적 부모역할훈련 지금(APN)

모든 부모는 자녀를 훌륭하게 기르고 싶어 한다. 부모로서 당신은 훌륭한 자녀양육을 위해 바람직한 부모역할을 하고 있는가? 대인관계이론을 주장한 설리번(Sullivan, H. S.)은 "정원

안의 문제는 꽃이 아니라 잡초다. 만약 잡초가 제거되면 꽃은 잘 자란다."고 주장하였다. 가정의 선장으로서 부모의 역할이 무엇인가를 생각하게 하는 내용이다. 훌륭한 정원사가 정원의 꽃을 활짝 피게 하는 것처럼, 부모는 자녀가 자신의 잠재력을 개발하여 훌륭하게 성장할 수 있도록 조력하는 것이 필요하다. 우리나라의 많은 부모가 APN을 통해 가정에서 잡초로서의 역할이 아니라 거름의 역할을 할 수 있기를 기원한다.

모든 성인에게 자녀교육은 가장 중요한 관심사다. APN은 두 가지 신념에 근거한다. 첫째, 자녀교육을 잘한다는 것은 매우 중요하다. 둘째, 자녀교육을 잘한다는 것은 어렵다. 적극적 부모역할훈련에 나타난 기본 철학 중의 하나는 가족 내에서 지도자적 역할을 할 사람은 자녀가 아니라 부모라는 관점이다. 심리학자 조지 켈리(George Kelly)는 "모든 사람이 과학자다."라고 주장하였다. 부모로서 갖는 과학자의 속성인 관찰, 의문, 탐구를 통해 자녀의 행동을 이해하여 자녀가 바람직하게 성숙하도록 조력하는 일이 부모역할이다.

부모역할의 목적: 우리의 자녀들이 그들이 살고 있는 사회 안에서 생존하고 번영하도록 보호하고 준비해 주는 것을 목적으로 한다.

(1) 평등사회 안에서 권위의 역할

지도자는 자신이 이끌어 나가는 집단구성원에게서 권위를 보장받게 되어 있다. 마찬가지로 부모는 가족 내에서 권위를 지닌 지도자다. 지도력의 세 가지 유형은 다음과 같다.

- 군주형: 독재형이라고도 한다. 군주형은 자유는 주지 않고 한계만 주는 지도 방법으로 묘사될 수 있고, 막힌 원으로 묘사될 수 있다.
- 허용형: 부모가 심부름꾼 역할을 한다. 허용형은 제한은 주지 않고 자유만 주는 지도 방법으로 묘사될 수 있고, 지그재그 선으로 나타내며 자유분방한 만용의 모습을 보인다.
- 민주형: 부모가 적극적 부모역할을 한다. 민주형은 일정한 한계 안의 자유가 주어지는 지도 방법이라고 볼 수 있고, 원이라는 한계 안에서 지그재그 선에 의해 상징적으로 표현될 수 있다. 여기서 자유란 아동이 선택을 하는 자유다.

(2) 민주 사회에서 요구되는 다섯 가지 자질

부모는 자녀를 어떤 사람으로 키우고 싶은가? 민주 사회 안에서 생존하고 성장하기 위해서 필요한 다섯 가지 자질은 다음과 같다.

- 존경심
- 용기
- 자아존중감
- 책임감
- 협동심

APN은 민주 사회에서 필요한 이러한 다섯 가지 자질을 자녀에게 길러 주는 것을 추구한다. APN에서는 가족 화목 활동을 할 것을 강조한다. 가족 화목 활동을 통해 부모가 자녀와의 관계를 풍요롭게 할수록 부모는 자녀의 삶에 더욱더 많은 영향을 끼치게 될 것이다. '적극적 부모역할훈련 지금'은 아들러의 이론적 영향을 많이 받았다. 아들러가 지적한 열등감 콤플렉스의 세 가지 원인인 기관 열등감, 과잉보호, 양육태만을 생각해 볼 때 부모역할이 얼마나 중요한가를 알 수 있다.

(3) 용기와 자아존중감

용기는 하나의 느낌으로 이미 알고 있는 목표를 위해 어느 정도 예상하고 있는 위험을 감수하려는 확신감이다. 자아존중감은 우리가 능력 있고 사랑스러운 인간으로서 성공하게 될 것이라는 신념에서 비롯된다. 높은 자아존중감은 우리에게 용기를 주지만, 낮은 자아존중감은 우리에게 낙담을 준다.

현대의 적극적 부모역할훈련에서는 생각하기 → 느끼기 → 행동하기 회로를 이해할 것을 강조한다. 다음과 같이 개인이 성공 혹은 실패 회로에 빠지는 중요한 요인이 자아존중감 및 용기라는 것을 이해하는 것이 중요하다.

- 성공회로: 사건 → 생각하기(긍적적 사고, 높은 자아존중감) → 느끼기(용기) → 행동하기
- 실패회로: 사건 → 생각하기(부정적 사고, 낮은 자아존중감) →

느끼기(낙담) → 행동하기

자녀가 성공회로에 머물도록 돕기 위해 부모는 자녀의 자아 존중감과 용기를 북돋아 주기 위하여 격려하는 것을 몸에 익혀야 한다. 드레이커스는 "식물이 물을 필요하듯이 자녀는 격려를 필요하다."고 말하였다. 그릇되게 행동하는 아이는 보통 기가 꺾인 아이이다.

부모가 아이의 기(용기)를 꺾어 버릴 수 있는 몇 가지 방식은 다음과 같다.

- 부정적 기대감
- 실수 지적
- 완벽주의
- 과잉보호

부모가 아동의 기를 살려 주는 몇 가지 방식은 다음과 같다.

- **자신감 보여 주기**: 책임감을 부여하라. 자녀의 견해나 충고를 구하라. 부모가 끼어들어 개입하고 싶은 충동을 물리쳐라.
- **힘 북돋아 주기**: 자녀의 장점을 인식하라. 다음 단계로 나아가도록 격려하라. 완전을 목표로 하지 말고 진보 자체를 목표로 하라.

- 아동의 가치 인정하기: 인간의 가치와 성취의 개념을 구별하라. 인간의 가치와 그릇된 행동의 개념을 구별하라. 자녀의 독자성에 대하여 감사하라.
- 독립심 자극하기: 응석을 받아 주지 않도록 하라. 상호 의존성을 기르게 하라.

(4) 자녀 이해하기

부모는 자녀의 성격이 어떻게 형성되는가를 이해하는 것이 중요하다. 성격형성에 영향을 주는 요인으로서 유전, 가정환경 그리고 가족구도를 생각해 볼 수 있다.

아들러는 주로 어렸을 때 형성되는 생활양식을 사회적 관심과 활동의 수준에 따라 지배형, 회피형 및 기생형 그리고 사회적 유용형으로 분류하였다.

개인심리학은 개인의 모든 행동에는 목적이 있다는 것을 가정한다. 부모가 자녀의 행동을 이해하기 위해서는 그 행동의 원인이 무엇인가를 찾기보다는 행동의 목적이 무엇인가를 이해하도록 하는 것이 중요하다.

자녀의 행동을 지배하는 주요한 네 가지 행동 목적은 다음과 같다.

- 접촉(contact)
- 힘(power)
- 보호(protection)

• 물러서기(withdrawal)

자녀는 이러한 목적을 달성하기 위해 긍정적 혹은 부정적 접근방식을 사용한다(〈표 8〉 참조). 자녀가 긍정적 접근 방식을 통해 자신의 목적을 달성할 수 있도록 지도하는 것이 요구된다.

〈표 8〉 자녀의 목적 달성 방식

자녀의 목적	긍정적 접근 방식	부정적 접근 방식
접촉	인정	부당한 관심 끌기
힘	독립심	반항
보호	주장하기, 용서하기	복수
물러서기	자신만의 시간 갖기	부당한 회피

이러한 행동 목적을 달성하기 위해 부모는 자녀가 하는 긍정적 접근 방식과 부정적 접근 방식을 파악하는 것이 중요하다.

자녀가 분노를 적절하게 처리하도록 돕는 몇 가지 방법은 다음과 같다.

• 자녀에게 좋은 본보기가 되어 준다.
• 보다 효과적인 표현의 양식을 발견하도록 대화로 자녀를 지도한다.
• 힘겨루기에 말려들지 않는다.
• 자녀에게 선택권을 준다.
• 부모의 결정에 자녀의 의견을 반영하도록 허용한다.

2) 자녀교육의 원리

아들러가 개발한 개인심리학은 특히 자녀지도를 위한 부모교육의 이론에 막대한 영향을 끼쳐 왔다. 대표적인 부모교육 프로그램인 '효과적 부모역할을 위한 체계적 훈련(Systematic Training for Effective Parenting: STEP)'과 '현대의 적극적 부모역할(Active Parenting Today: APT)'은 아들러의 개인심리학에 이론적 기초를 두고 있다. 특히 개인심리학 상담자인 드레이커스가 제안한 자녀교육의 원리는 현대의 모든 부모들에게 중요한 지침으로 여겨지고 있다. 다음은 그가 제안한 자녀교육의 34가지 원리다(Dreikurs & Soltz, 1964).

1. 자녀를 격려하라.
2. 처벌과 보상을 피하라.
3. 자연적 · 논리적 결과를 사용하라.
4. 지배함이 없이 확고한 태도를 유지하라.
5. 자녀를 존경하라.
6. 질서 혹은 규칙에 대한 존경을 유도하라.
7. 타인의 권리에 대한 존경을 유도하라.
8. 비판을 제거하고 실수를 지적하는 것을 최소화하라.
9. 일상적으로 지켜야 할 규칙을 유지하라.
10. 자녀가 훈련을 통해 배우는 데에는 시간이 걸린다는 것을 명심하라.

11. 협동으로 승리하라.
12. 부당한 관심 주기를 피하라.
13. 힘겨루기를 피하라.
14. 갈등에서 물러서라.
15. 말보다 행동으로 보여 주어라.
16. 신경질적인 반응을 하지 마라.
17. 기쁘게 하는 데 돌봄을 사용하라: "아니요."라고 말할 용기를 가져라.
18. 첫 번째로 야기된 충동을 피하라: 예기치 않는 행동을 하라.
19. 과잉보호를 삼가라.
20. 독립성을 자극하라.
21. 싸움에 끼어들지 마라.
22. 두려움에 냉정하라.
23. 자신의 일에 전념하라.
24. 연민의 함정을 피하라.
25. 합리적이고 적절한 요청을 하라.
26. 일관성을 지켜라.
27. 자녀를 똑같이 다루어라.
28. 경청하라!
29. 당신의 음조를 살펴라.
30. 침착하라.
31. 나쁜 습관을 평가절하하라.

32. 함께 즐거운 시간을 가져라.
33. 자녀에게가 아니라 자녀와 함께 이야기하라.
34. 가족회의를 확립하라.

6. 놀이치료

개인심리학 상담은 역사적으로 가족과 학교 상황에서 아동과 상담을 많이 해 왔지만, 상담과정에서 주로 언어에 의존하였기 때문에 놀이치료에 이용할 수 있는 기법에 대한 논의가 거의 없었다. 1980년 후반에 이르러 코트만(Kottman, T.)이 아들러의 개인심리학을 놀이치료의 원리와 절차에 적용하면서 개인심리학 놀이치료가 체계적으로 개발되기 시작하였다(Carlson, Watts, & Maniacci, 2006). 따라서 여기서는 코트만(1995; 2003)이 제안한 놀이치료의 원리와 절차를 중심으로 개인심리학 놀이치료를 소개한다.

1) 개인심리학의 기본 개념과 놀이치료

(1) 사회적 존재

아들러는 모든 사람은 소속의 욕구를 가지고 있다고 믿었다. 아동은 일차적으로 가족 내에서 소속감을 형성하려고 한다. 긍정적이고 유용한 방법으로 소속감을 형성하지 못하면, 부정적이고 유용하지 못한 방법으로 가족에게 적응하게 된다. 이는 곧 아동의 생활양식이 된다. 생활양식은 아동이 자기자신과 세계, 타인을 바라보는 방법과 이러한 관점에 따른 반복되는 행동을 말한다. 아동이 자라고 성숙함에 따라 다양한 사회적 맥락, 즉 이웃, 학교, 일, 만남, 결혼에서 자신의 생활양식에 따라 행동할 것이다. 개인심리학 상담자는 아동 및 아동의 행동을 다른 사람과의 상황 속에서 이해하고자 하였다. 개인심리학 상담자는 가족 내에서 아동이 어떻게 의미와 소속감을 얻는지를 이해하기 위해 부모와 다른 가족 구성원과의 관계를 살펴본다. 또한 아동이 이웃과 학교 내에서 어떻게 소속되어 있는지를 이해하려고 노력한다. 학교에서 아동은 친구들과 교사가 반응하는 것을 관찰하기도 한다. 이는 '사회적 관심'이라는 개념으로 수렴된다. 놀이치료에 온 대부분의 아동은 사회적 관심이 부족한 것처럼 보인다. 개인심리학 상담의 주요 목표 중 하나는 아동과 가족의 사회적 관심을 향상시키는 것이다. 이를 위해 놀이상담자는 아동이 타인과 친밀감을 형성하도록 격려하기 위해 상담자와의 관계를 사용한다. 상담자는 아동을 존중하고 상담자를 존중할 것을 기대한다. 치료를 종결하기 전에 종종 둘째 아이나 다른 형제, 다른 내담자 중에 한 명 또는 아동의 친구를 오게 하는데, 이는 아이의 관계가 타인에게 확장되도록 장려하기 위한 것이다. 부모상담을 하면서 부모는 아동을 격려하는 방법을 배우며, 부모와 아동 사이에 친밀감을 증가시키게 된다. 또한 부모상담은 부모에게 아동의 사회적 관심을 길러 주기 위한 기법들을 가르쳐 준다.

(2) 유목적적 존재

개인심리학 상담의 또 하나의 주요한 개념은 모든 사람의 행동은 목적적이고 목표 지향적이다는 것이다. 개인심리학 이론에서 행동 목적에 대한 이해는 인간을 이해하는 열쇠가 된다. 개인심리학 상담자는 행동의 목적을 탐색하기 위해서 내담자의 행동을 항상 관찰한다. 좌절된 아이의 잘못된 행동의 목적을 관심 끌기, 힘겨루기, 복수심 그리고 무능력의 4가지 범주로 요약할 수 있다. 한편, 아동을 적극적으로 지도하기 위해서는 긍정적인 행동의 목적에 대해서도 이해하여야 한다. 첫 번째 목적은 관심, 참여, 공헌의 목적인데, 다른 사람을 돕고 공헌하면서 소속될 수 있다는 신념으로 행동한다. 두 번째 목적은 자율성과 자기 책임감이다. 책임 있는 의사결정을 하면서 나이에 적절한 힘을 갖는다. 세 번째 목적은 공정과 공평이다. 주로 다른 사람과의 상호 관계에서 경험된다. 협력에 관심이 있고, 부당함을 감수할 수 있다. 잔악함이나 상처에 대해서 친절과 보살핌으로 반응한다. 네 번째 목적은 충돌을 회피하고 다른 사람의 의견을 수용하는 것이다. 이러한 아동은 싸우거나 논쟁하는 것보다 불일치를 해결하는 좀 더 적절한 방법이 있다고 믿는다. 놀이치료에 온 대부분의 아동은 긍정적 행동의 목적보다는 잘못된 행동의 목적을 추구한다. 개인심리학 놀이상담자는 아이가 긍정적 목적을 추구하도록 돕는 데에 목표를 두므로 이러한 두 가지 목적의 형태를 이해할 수 있어야 한다. 상담자는 놀이방에서 좀 더 사회적으로 적절한 행동을 발견할 때마다 이러한 행동을 격려할 수 있다. 또한 상담자는 점차로 부정적인 목적을 추구하는 것을 감소시키고 행복과 안정의 지표로서 긍정적인 목적을 추구하도록 돕는다.

(3) 주관적 존재

아들러의 개인심리학은 현상학적 관점에 기초한다. 사람은 실제 사실보다는 사실에 대한 주관적인 해석에 기초하여 의사결정을 한다. 어린 아동은 관찰은 뛰어나지만 종종 사건과 상호작용에 대한 부적절한 해석을 한다. 이러한 부적절한 해석은 잘못된 신념을 형성하며, 사적 논리를 발달시킨다. 이러한 사적 논리는 열등감 콤플렉스나 우월감 콤플렉스를 발달시킨다. 개인심리학 놀이치료에서 상담자는 항상 다양한 상황에 따른 주관적인 해석을 알아차려야 한다. 부모, 아동 그리고 교사는 자신들의 관계와 상황에 대해 서로 다른 주관적 관점을 가지고 있다. 이때 아동은 일차적인 내담자이므로 아동이 어떻게 해석하고 있는가를 이해하는 것이 중요하다. 즉, 상담자는 아동이 사적 논리를 이용하고 부정적인 기본 신념을 자신의 생활양식에 통합하는 때를 인식하여야 한다. 성인은 상황을 어떻게 해석해야 하고 관계에 대해 어떤 생각을 해야 하는지를 아동에게 자주 말하는 잘못을 범하기 때문에, 개인심리학 놀이상담자는 잠정적으로 대안적인 해석을 해 주어야 한다. 더 나은 해석이 아니라 가능한 대안과 다른 해석을 제공하는 것이 도움이 된다.

개인심리학 놀이상담자는 아동이 열등감에 의해 압도되고 좌절을 느끼는지에 대해 민감하여야 한다. 이를 중재하는 좋은 방법은 격려다. 아동과 접촉하는 부모, 교사, 그 밖의 성인에게 어떻게 아동을 격려하고, 열등감을 패배보다는 도전으로 이용할 수 있도록 도울 것인가를 가르치는 것이 중요하다.

(4) 창조적 존재

개인심리학은 각 개인의 고유성을 중시한다. 이러한 고유성은 각 개인에 내재하는 근본적이고 신비한 창의성의 표현이다. 개인심리학 상담자는 개인의 창의성과 고유성을 드러내기 위하여 개인의 자질, 생활양식, 목표 그리고 행동을 탐색한다. 그리고 선택에 의해 이러한 창의성이 표현된다고 믿는다. 즉, 자기결정력은 개인심리학의 중요한 개념이다. 이는 이전의 것과 다른 새로운 결정과 해석을 하는 데 자유로울 수 있음을 의미한다. 선택할 수 있는 능력은 전 생애를 통하여 자신의 창의성과 고유성을 계속 행사하도록 한다. 따라서 개인심리학 놀이상담자의 주된 책임 중 하나는 각 아동이 자신의 특별하고 놀라운 자기를 어떻게 표현하는지를 발견하고, 아동과 부모 및 타인에게 아동의 고유성에 찬사를 전하는 것이다. 때때로 아동은 다른 사람이 인정하지 않는 방법으로 독특성을 표현한다. 예를 들면, 아동은 악담하거나 욕하면서 다른 사람을 공격한다. 상담자가 아동을 알아감에 따라, 이 아동의 자산 중 하나는 언어를 창의적으로 사용하는 것이라고 생각할 수 있다. 상담자의 일은 아동이 더 건설적이고 유용한 방법으로 고유한 언어 표현을 사용할 수 있음을 알도록 돕는 것이다.

2) 놀이치료의 과정

개인심리학의 치료과정은 일반적으로 다음과 같은 네 단계에 따라 이루어진다. ① 관계형성하기, ② 내담자의 생활양식 탐색하기, ③ 내담자가 생활양식에서 통찰을 얻도록 돕기, 그리고 ④ 내담자의 재정향 혹은 재교육이다. 개인심리학 놀이치료는 개인심리학 상담의 절차에 따라 ① 상담자가 아동과 평등한 관계를 설립하고, ② 아동의 생활양식을 탐색하고, ③ 아동이 통찰을 얻고, 자신과 세상, 타인에 대한 새로운 결정을 내리도록 돕고, ④ 아동에게 타인과 관련된 새로운 기술을 가르치고, ⑤ 아동이 타인과 상호작용할 수 있는 기술을 실행하도록 돕고, 그리고 ⑥ 부모나 교사와 상담하는 절차를 거친다. 놀이치료의 각 단계에서 개인심리학 놀이치료는 아동이 행동의 긍정적 목적을 지향하여 성장하도록 돕는다. 긍정적 목적을 갖진 행동은 다음과 같은 '중요한 C들'로 요약되기도 한다(Carlson, Watts, & Maniacci, 2006). 다른 사람과 관계 맺기(**C**onnecting: 협력의 목적), 내가 능력 있음을 느끼기(**C**apable: 자기효능감과 자기신뢰의 목적), 내 자신이 중요함을 느끼기(**C**ount: 소속과 공헌의 목적), 생애과제에 도전할 용기를 갖기(**C**ourage: 적응 유연성의 목적) 등이다.

개인심리학 놀이치료의 첫 단계는 아동과 상담자 간에 평등한 관계를 형성하는 것인데, 이 과정에서 상담자는 추적하기, 재진술하기, 감정 반영하기, 질문, 아동과의 능동적인 상호작용, 협력하며 함께 방 치우기, 격려, 제한 설정하기 등의 기법을 사용한다. 동시에 상담자는 부모상담 동안에 부모와 관계를 형성하기 위해 이와 같은 기법들을 사용한다.

아동의 생활양식을 조사하기 위해서 놀이상담자는 아동의 행동 목적, 가족구도, 가족 분위기, 초기기억에 관해 아동과 부모 모두에게서 정보를 획득하기 위해 놀이와 다른 상호작용을 관찰하고, 질문기법, 미술치료기법 등을 사용한다. 상담자는 이러한 정보를 세 번째 단계에서 아동과 부모가 공유하도록 정보를 개념화한다.

상담자는 아동이 자신의 태도, 지각, 감정, 사고 그리고 행동을 검토하여 변화하거나 유지하기 원하는 것을 결정하도록 돕기 위해 잠정적 가설, 해석, 은유, 미술치료, 직면, 즉시성, 유머를 사용한다. 부모상담에서 상담자는 부모가 아동의 동기를 이해하고, 아동이 변화하려는 것을 지지하도록 하는 부모 전략에 관해 결정하도록 돕는다.

재정향/재교육 단계에서 상담자는 아동과 부모가 놀이치료, 가정 및 다른 곳에서 이러한 결정들을 적용하도록 돕는다. 놀이상담자는 아동에게는 다양한 상호작용기술을, 그리고 부모에게는 양육기술을 전달하기 위해 브레인스토밍, 문제해결전략 및 교육을 이용한다.

3) 놀이도구의 준비

개인심리학 놀이상담자는 아동중심 놀이치료와 비슷하게 가족/양육 장난감, 무서운 장난감, 공격적인 장난감, 표현하는 장난감, 가장/환상 장난감 등 다섯 가지 영역을 대표하는 장난감을 선정한다. 장난감을 수집하는 것이 아니라 세심하게 선정하여야 하는데, 다음과 같은 활동을 위해 아동이 활용할 수 있는 장난감을 선정하는 것이 중요하다. 즉, 가족의 영향과 역동 그리고 다른 사람과의 관계에 관련한 감정 탐색하고 표현하기, 부적응적 신념 · 지각된 두려움 · 과거의 외상경험 생각하기, 통제 · 힘 · 신뢰 문제 검토하기, 소속감과 중요성을 얻는 고유한 방식 표현하기, 창의성과 상상력 표현하기, 그리고 새로운 인지적 · 행동적 반응을 개발하기 등이다(Kottman, 2003).

(1) 가족/양육 장난감

아동은 상담자와 관계를 형성하고, 가족관계에 대한 이해와 감정을 탐색하고, 놀이방 밖에서 사건을 재창조하기 위해서 장난감을 사용한다. 아동은 장난감으로 자기 가족의 분위기를 나타내고 양육을 받거나 요구하기 위해 사용할 수도 있다. 이러한 장난감은 인형의 집, 아기인형, 요람, 동물 가족, 아기 크기의 흔들의자, 따뜻하고 부드러운 담요, 사람 인형, 아기 옷, 천으로 만들어진 동물, 모래상자의 모래, 구부릴 수 있는 여러 가지 다른 가족, 그릇 · 냄비 · 접시 · 은그릇, 시리얼 상자나 캔과 같은 빈 용기 등이다. 공간이 허락된다면 나무나 플라스틱으로 된 주방용품들을 갖추어 주방놀이를 잘 할 수 있게 한다. 내담자의 인종 구성에도 불구하고 아동에게 다른 인종의 인형을 제공하는 것은 필수적이다. 이러한 것은 아동으로 하여금 다른 인간 집단 사이의 차이점과 유사점을 찾게 하고, 자신의 정체성도 탐색하도록 격려한다. 또한 가능하다면 각각의 다른 인종 집단의 가족들을 가지고 있는 것은 중요하다. 이것은 놀이방에서 새어머니, 새아버지가 있는 확장 가족 아동에게 자신의 가족구도를 재창조하기 위해 충분한 인형을 가질 수 있도록 해 준다. 많은 아동들(특히 성적 학대를 경험한)이 가족 구성원의 옷을 벗기거나 다시 입히기를 원하기 때문에 가족 인형에서 옷을 입고 있는 인형은 움직일 수 있어야 한다(나일론으로 만든 접착천이나 탄력성 있게 만들어진 것이 적합하다.). 또한 아동에 따라서 인형을 실제 사람과 유사하게 여겨 위협을 받는다면 동물 가족을 이용하게 하는 것이 바람직하다. 아동은 주방용품이나 그들의 가족처럼 보이지 않는 가족을 가지고 자신의 가족을 더 역동적으로 나타낼 수도 있을 것이다.

(2) 무서운 장난감

아동은 현실과 공상에서의 두려움을 다루기 위해 무서운 장난감을 사용한다. 아동은 장난감을 이용하면서 놀라는 것처럼 행동하고, 자신을 지키기도 하며, 상담자에게 자신을 지켜 줄 것을 요청할 수도 있다. 무서움의 범주에 적합한 장난감은 뱀, 쥐, 플라스틱 괴물, 공룡, 벌레들, 용, 상어, 악어, 늑대, 곰, 악어 인형들이다. 성적 학대를 받은 많은 아동들은 뱀이나 힘이 없는 몸과 이빨을 가진 플라스틱 인형 종류를 사용한다. 이것들은 종종 현재 문제를 가지고 있는 아동의 공포의 대상이 된다. 아동이 특별한 공포를 가지고 있다면 좀 더 정확하게 두려움을 나타내는 장난감을 준비하는 것이 도움이 될 것이다.

(3) 공격적인 장난감

아동은 분노와 두려움을 표현하고, 자신의 공격성을 상징적으로 행동화하는 것을 배우기 위해서, 그리고 힘과 통제의 문제를 탐색하기 위해서 공격적인 장난감을 사용한다. 또한 무서운 인형에서 나타난 것과 같이 위험으로부터 상징적으로 자신을 지키기 위해서 공격적인 장난감을 사용할 수도 있다. 이러한 범주의 장난감 역시 아동의 능력에 맞게 주는 것이 중요하다. 많은 경우에 놀이치료 회기에서 무기를 통제하면서 자신을 지키는 느낌을 경험하는 것은 긍정적인 자아개념을 발달시키는 첫걸음이 된다. 어떤 놀이상담자는 아동이 종종 부적절한 방식으로 공격적인 장난감을 사용하려고 하기 때문에 이러한 형태를 이용하지 않는 것이 좋다고 하지만, 아동에게 공격적인 장난감은 안전한 환경에서 제한을 시험하고, 자기 통제를 발달시키는 데 유용한 방법을 제공한다. 실제 무기와 상징적인 무기 사이를 구별하기 위해서 실제처럼 보이지 않는 무기를 사용하는 것이 좋다. 이러한 범주에 속하는 장난감은 서서 치는 펀치 백, 무기들(다트 총, 장난감 권총, 권총 케이스, 검, 고무로 된 칼 등), 장난감 병정과 군용 차량, 베개 싸움을 위한 조그마한 베개, 거품을 내는 고무 막대기, 플라스틱 방패, 수갑 등이다. 수갑은 힘과 통제의 주제를 놀이로 표현하게 하는 데 훌륭한 장난감이다. 또한 이것은 신뢰의 문제를 탐색하는 데도 유용하다. 그러나 아동이 종종 수갑의 열쇠를 가지고 가 버리기 때문에 잠금 해제 장치가 있는 수갑으로 준비해야 한다.

(4) 표현하는 장난감

아동은 관계를 탐색하고, 감정을 표현하고, 문제를 이해하고, 상황을 해결하고, 창조성을 표현하기 위해 표현하는 장난감을 사용한다. 표현하는 장난감을 통하여 자기확신, 자기존중, 자기통제력을 향상시킬 수 있다. 대부분의 표현하는 장난감은 미적이고 창조적인데, 이젤과 템페라화, 수채화 물감, 핑거 페인트, 크레용, 마커, 색연필, 풀, 신문지, 놀이 가루 반죽 또는 진흙, 연필, 가위, 투명 테이프, 계란 상자, 파이프 청소기 등이다. 아동용 책상과 의자도 준비한다.

(5) 가장/환상 장난감

아동은 다른 역할을 탐색하고, 감정을 표현하고, 선택적인 행동을 시도해 보고, 다른 사람이 된 것처럼 가장해 보고, 현실에서 그들이 관찰한 상황을 실행해 보기 위해서 가장/환상 장난감을 사용한다. 또한 이러한 장난감은 관계와 은유적인 개념을 탐색하고 감정, 태도, 경험에 관해 의사소통하기 위해 사용한다. 가장/환상 장난감은 가면, 의사 가운, 모자 · 장식품 · 지갑, 여러 가지 의상, 벽돌과 다른 건축 자재, 차, 트럭, 비행기와 다른 운송 장난감, 인형과 인형 극장, 마술 지팡이, 비 · 철 · 철판, 전화기(2대), 동물원과 농장 동물들 등이다. 가장/환상 장난감 선택에서 놀이치료사는 미리 인식된 개념이 있는 장난감을 피하려고 노력해야 한다. 텔레비전 쇼, 영화 같은 연관된 장난감을 회피하는 것은 아동으로 하여금 장난감으로 자신의 생각과 정체성을 나타낼 수 있도록 보장해 준다.

4) 놀이치료의 환경

놀이치료를 위한 완벽한 환경은 내담자가 구성한 놀이방이다. 그러나 놀이방을 따로 마련하지 않고 아동과 상담하는 형식으로 놀이치료를 하는 상담자는 상담실 내에 놀이공간을 공유하거나 임시적인 장소를 사용할 수 있는데, 이것이 놀이치료를 실행하는 상담자의 능력에 역효과를 가져오지는 않는다. 또한 많은 학교상담자는 장난감이 담긴 가방을 가지고 여러 학교를 돌아다니며, 지역사회 기관에 근무하는 상담자는 놀이치료를 하기 위해 아동의 집에 방문하기도 한다. 병원이나 의료기관에 근무하는 상담자는 병실로 가기도 하고 병원침대에서 놀이치료를 하기도 한다. 놀이치료의 이상적인 공간이나 지속적인 치료 장소를 갖지 못한 상담자는 비교적 방해받지 않는 조용하고 자유로운 장소를 찾으면 된다. 이런 경우 회기마다 적합한 장난감을 선택하여 준비해 두어야 한다.

이상적인 놀이방은 상담자의 철학과 특성이 반영되고, 아동의 특수한 요구를 반영한다. 이상적인 놀이방을 구성하기 위해 고려할 점을 몇 가지 예시하면 다음과 같다. 놀이방에 창문이 있다면 커튼이나 블라인드를 설치하여 아동이 원할 때 창문을 가릴 수 있도록 한다. 또한 아동이 어지럽히는 것에 대해 죄책감을 느끼지 않도록 벽이나 바닥의 소재를 닦을 수 있는 것으로 선택한다. 장난감 선반은 화가 난 아동이 잡아당겨서 떨어지지 않도록 벽에 단단히 고정되어야 한다. 뜨거운 물이 아닌 찬물이 나오는 세면대가 있는 것이 좋다. 칠판이나 표시판은 벽에 안전하게 부착되어 있어야 한다. 놀이방에 개방된 작은 화장실이 있고, 잘 미끄러지지 않는 바닥으로 되어 있다면 이상적이다.

7. 가족상담

개인심리학 상담의 다양한 개념과 이론은 가족상담과 가족치료에 그대로 적용된다(Grunwald & McAbee, 1999; Sherman & Dinkmeyer, 1987). 드레이커스는 개인심리학 상담의 개념과 이론을 가족문제의 해결에 적용하면서 공개적인 가족상담을 도입하였는데, 이는 많은 가족들에게 심리교육적 경험을 제공하면서 가족문제의 해결에 효과적인 접근이 되었다. 즉, 공개적인 가족상담에는 가족과 청중이 내담자가 되며, 상담과정은 가족과 청중의 상호작용을 강조한다. 이때 청중이 참여하면서 제공하는 정상화, 지지 및 격려는 상담자의 어떠한 개입보다도 변화를 촉진하는 데 더 효과적으로 작용하게 된다(Carlson & Kjos, 2002). 그러나 가정폭력이나 학대, 위기, 정신병 등 심각한 역기능과 비밀보장이 중요한 경우에는 비공개적인 상담회기를 갖고 가족치료를 한다. 개인심리학 상담에서 발달된 공개적인 가족상담과 비공개적인 가족치료의 특성은 〈표 9〉와 같이 정리할 수 있다(Sherman & Dinkmeyer, 1987, p. 39).

〈표 9〉 가족상담과 가족치료

가족상담	가족치료
대중에 공개	사적: 한 가족 또는 폐쇄 부부/가족 집단
부모와 가족을 따로 만나는 과정 있음	일단 전 가족을 만나고 나서 필요에 따라 하위 체제와 전 가족을 만남
청중의 반응과 제안을 받음	개인과 집단의 역동을 포함하여 가족 간 의사교류의 의미를 확인하고 발견하고 의사교류 형태를 다룸
부모와 아동에게 처방함	문제를 재구조화하고, 이의 의미와 목적을 해석하고, 구조 변화를 자극하고, 신념과 가치를 분명히 하고, 새로운 기술과 대안을 브레인스토밍하거나 가르치고, 역설적 상황을 설정하고, 자아존중감과 가족 자부심을 형성하고, 갈등을 타협
현재 문제나 상황을 대처하기 위한 새로운 방법과 교육적 기법을 강조	체제의 변화와 새로운 체제 내에서 개인의 기능을 강조

개인심리학 가족상담과 가족치료는 개인심리학 상담의 전형적인 단계인 관계형성, 생활양식 사정, 통찰, 재정향의 과정을 거치지만, 크리스텐슨(Christensen, 1993; Carlson & Kjos, 2002

에서 재인용)은 이를 다음과 같이 구체적으로 제안하고 있다.

1) 가족 만나기: 관계 맺기

개인심리학 상담자는 초기에 가족의 각 구성원과 개별적인 접촉을 하여, 상호 존중, 우호, 복지에 대한 관심을 증진시키고, 가족의 구도를 알아가고자 한다. 가족 구성원과의 개별적인 만남과 존중은 긍정적인 변화의 기초가 된다.

2) 가족체제 사정하기

상담자는 부모에게 가족구도를 물어보면서 가족치료를 시작한다. 즉, 아동의 이름과 나이, 출생순위의 영향을 물어보며, 유산, 사산, 질병, 아동기 장애 또는 조기사망 등이 가족에 미친 영향을 알아본다. 또한 가족 내에 함께 사는 동거인이나 비교적 지속적으로 만나는 사람(조부모, 친척 등)이 있는지 알아본다. 가족체제를 명료하게 알고 난 다음에 가족치료의 다음 단계로 나아가는데, 가족체제를 파악하는 몇 가지 방법은 다음과 같다. 각 부모에게 자녀의 모습을 나타내는 형용사 3개를 말하게 하여 아동이 가족 내에서 자신의 입지를 찾는 방식과 부모에게 중요한 문제들을 확인한다. 가계도를 활용하여 가족의 전반적인 모습을 이해한다. 가족구도에 대한 추정을 활용하기도 한다. 상담자의 추정이 맞으면 부모와 곧 의기투합하게 되고, 맞지 않으면 부모가 교정해 줄 것이다.

3) 문제의 기술

상담자가 가족체제를 이해하는 동안 문제도 기술된다. 이때 구체적인 예를 통하여 아동 행동의 목적을 확인하는 것이 중요하다. 이를 위한 일반적인 질문은 다음과 같다.

- 이 문제가 최근에는 언제 일어났습니까?
- 문제는 어떻게 진행되었습니까? 아동이 무엇을 하였습니까? 그때 당신은 무엇을 하였습니까?
- 아동의 다음 반응은 무엇이었습니까? 그리고 당신은 무엇을 하였습니까?
- 문제가 일어날 때, 당신의 감정은 어떠했습니까?

이러한 질문은 아동의 잘못된 행동의 목적을 확인하는 데 도움이 된다. 부모는 대부분 자녀가 바라는 대로 반응하며, 아동의 잘못된 행동은 거의 대부분 부모나 가족의 가치, 가족 분위기, 잘못된 신념과 직접 관련되어 있다.

4) 전형적인 하루

부모가 아동의 문제를 구체화할 수 없을 경우, 전형적인 하루 생활에서 일어나는 일들을 기술하도록 하여 부모와 아동의 상호작용을 탐색할 수 있다. 예를 들면, 아동이 아침에 어떻게 일어나는지, 깨워야 하는지, 깨우기가 힘든지 등을 확인할 수 있다. 그리고 어떻게 세수하고 옷을 입는지, 아침식사는 어떻게 하는지, 학교는 제시간에 가는지, 학교에서 돌아와서는 무엇을 하는지, 텔레비전 시청은 어떻게 하는지, 저녁식사 때의 모습은 어떤지, 잠자는 시간을 잘 지키는지, 잠은 아동의 방에서 자는지 등 전형적인 하루 생활을 알아본다. 이러한 전형적인 하루 생활에는 부모의 요구와 가치, 가족의 가치, 가족 분위기, 잘못된 신념, 부모-자녀의 상호작용 패턴 등이 드러난다.

5) 진단적 가설 함께 나누기

개인심리학 가족상담자가 아동의 행동이나 부모의 개입의 잠정적인 목적을 확인하면, 이러한 목적을 가설적 형태로 부모에게 제시하고, 아동과의 면담을 통해 검증한다. 상담자는 이러한 가설을 부모의 일상적인 언어로 제시하며, 이를 설명하기 위하여 이야기나 은유를 사용하기도 한다.

6) 아동면담하기

부모면담을 통해 설정한 가설을 확인하기 위하여 아동을 따로 면담한다. 아동이 상담실에 어떻게 들어오는가, 어디에 앉는가, 어떻게 상호작용하는가 등을 세심하게 관찰하여 아동의 관계방식을 살피고, 아동면담을 어떻게 시작할 것인가에 대해 힌트를 얻는다. 개인심리학 상담자는 가족을 이해하는 데 아동을 협력자로 받아들인다. 보통 다음과 같이 말을 시작한다. "너의 부모님은 너의 가족에서 부모의 생활이 무엇인지 말해 주었단다. 이제 너의 집에서 아이의 생활이 어떤 것인지를 이해하기 위해 너의 도움이 필요하구나." 아동면담은 아동을 재교육하고 잘못된 행동을 바로잡기 위해 이용되지만, 잘못된 행동의 목적에 관한 가설을 검증하는 것이 아동면담의 가장 중요한 기능이다.

7) 가족 재정향하기

가족을 재정향하기 위하여 대부분의 경우 전체 가족을 대상으로 상담을 하게 되지만, 경우에 따라 가족 구성원을 각각 상담하는 것이 도움이 되기도 한다. 일반적으로 상담자는 가족 전체를 상담하면서 부모와 아동 간의 계속적인 대화를 통해 가족체제와 개인의 근본적인 요구와 목적을 이해하게 하고, 가족 구성원 간 상호 격려를 촉진할 수 있는 방법을 찾고, 문제해결을 위한 합의를 이끌어 낸다. 이러한 재정향 과정에서 상담자가 할 일을 다음과 같다.

첫째, 상담자는 모든 가족 구성원의 안전과 격려에 유의한다. 상담자는 가족 구성원의 복지에 관심을 갖고, 가족 경험을 재구조화하고 정상화한다.

둘째, 상담자는 부모를 가족의 리더로 정립 또는 재정립한다. 이를 위해 부모 각자가 상대 배우자를 지지함으로써 아동의 면전에서 서로를 깎아내리지 않도록 한다.

셋째, 문제를 유지하는 반복적인 패턴과 잘못된 목적이나 관점으로부터 벗어나도록 돕는다. 이는 부모가 아동의 잘못된 목적을 이해하고 직면하도록 도움으로써 가능하다. 또한 부모가 자기를 통제하고 부모-자녀 관계에서 부모의 역할을 바꾸어 보도록 돕는 일이 수반된다.

넷째, 민주적인 생활방식과 아동과의 사회적 동등성에 기초한 효과적인 부모교육을 한다. 여기에는 자연적·논리적 결과, 격려, 정서 코칭 등이 포함된다.

8) 추수회기

추수회기에서, 개인심리학 상담자는 부모에게 상담실에 처음 가져왔던 문제와 관심을 재검토한다. 그다음에 부모-자녀 관계나 아동의 잘못된 행동의 목적에 대해 알게 된 것을 진술하게 한다. 그러고 나서 마지막 회기에서 제시되었던 권고사항들을 자세히 말하고 실행 결과를 보고하도록 한다. 상담자는 필요하면 조정을 하고, 부가적인 지지와 격려를 한다.

한편, 셔먼과 딩크메이어(Sherman & Dinkmeyer, 1987)는 다양한 가족상담 이론을 통합하는 이론으로서 개인심리학 가족상담 이론의 가능성을 제안하였다. 이들은 개인심리학 상담이론이 포괄적이고 유연하기 때문에 다른 가족상담 이론들과 유사성이 많음을 주장하였다. 이들은 사티어(Satir)의 의사소통이론, MRI의 상호작용적 관점, 전략적 가족치료, 구조적 가족치료, 엘리스의 합리적-정서적 가족치료 등이 개인심리학 가족치료와 어떠한 유사점과 차이점이 있는지를 기술하면서 개인심리학 가족치료이론으로 통합될 수 있음을 제안하였다. 또한 아들러의 개인심리학에서의 체제는 사전에 결정된 기계론적인 체제보다는 개방적인 인간 체제임을 전제하면서 통합적 전체를 강조하는데, 이러한 전체론은 일반 체제이론의 중요한 원리이기도 하여 개인심리학이 일반 체제이론을 통합할 수 있다. 개인심리학 상담은 생활양식이 과거로부터 형성되어 미래 지향적인 목적 추구를 담고 있으며, 현재의 행동에 영향을 주는 과거, 현재, 미래를 포함하는 것으로 개념화하였다. 그리고 결정론적인 관점을 제외하면 과거에 관심을 갖는 정신분석이론, 자아이론, 다세대 전달이론도 모두 개인심리학과 관련되며, 현재를 강조하는 게슈탈트치료, 구조주의, 체제이론도 아들러의 개인심리학 이론과의 유사점이 있다고 하였다. 또한 미래에 대한 예기과정에 대한 관심을 둔 실존주의와 사회학습이론도 개인심리학 이론으로 통합할 수 있다고 하였다.

8. 학급관리

학생을 민주시민으로 양성하는 데에는 교사가 효과적으로 학급관리를 하는 것이 매우 중요하다. 여기서는 개인심리학 상담이론을 적용하여 학급관리를 하는 것을 살펴보고자 한다.

1) 민주적 교실의 특징

민주 사회에서는 자유와 질서가 모두 필요하며, 따라서 민주적 분위기란 방임 혹은 허용적 분위기가 아니다. 민주적 교실의 기본 원리는 평등과 상호 존중에 있다. 평등은 사회적 평등을 의미하는 것으로서 집단 내에서 조화, 평화, 안정의 관계를 제공한다. 일반적으로 성인은 이에 동의하면서도 아동을 평등한 존재로 수용하는 데 어려움을 갖는다. 상호 존중은 평등에 기초한 것으로 민주적 교실의 기본 원리다. 평등하게 살기 위해서는 협동이 필요하며, 따라서 우리는 협동 기술의 훈련을 필요로 한다. 민주적 교실에서 협동은 평등 속에서 타인의 권리 및 흥미를 고려하는 것에 기초를 두고 있다. 타인의 권리를 존중하는 것은 조화를 유지하고 갈등을 평화적으로 해결하는 데에서의 선결 요건이다. 모든 사람은 자신의 생각을 말할 권리와 의무를 갖는 동시에 타인이 말하는 것을 듣고 동료의 생각과 느낌을 이해하려고 노력하는 의무를 지닌다.

민주적 교실에서 교사와 학생은 공동으로 활동을 계획하고 수행한다. 여기서 핵심은 학생을 대하는 교사의 태도에 있다. 이는 단호함과 친절함으로 표현되는데, 단호함은 자기존중을 의미하고 친절함은 타인존중을 의미한다. 이 두 가지는 만족스러운 교실 관계를 형성하는 데 기초가 된다. 학생은 민주적 교실에서 효과적으로 적응할 수 있도록 훈련될 필요가 있으며, 이를 위해 학년 초기에 며칠간 민주적 방식을 주제로 이야기할 시간을 가질 필요가 있는데, 이 과정에서 집단토의를 활용할 수 있다. 이를 통해서 학생들에게 민주주의는 책임감을 공유하고 협동을 의미하는 것으로 인식되도록 유도해야 한다. 비민주적 학교 체제에서도 민주적 교실 운영이 가능하다. 이를 위해 교사가 민주적 교실 운영에 대한 신념과 그에 대한 실천을 가능하게 하는 기술들을 지니는 것이 중요하다. 비민주적 학교에서 민주적 교실 운영에 성공한 많은 사례들이 보고되었다.

교사와 학생 간에 책임감을 공유하는 것은 중요한 원리다. 일단 교사가 이를 이해한다면 실천은 어렵지 않다. 학습 내용 측면에서 학생이 좋아하는 것만을 가르치거나 교사가 일방적으로 학습 내용을 강요하는 것은 바람직하지 못하다. 학생에게 학습 내용이 강요되지 않고 그들의 의견이 수용된다면 학생은 교사의 지도를 기꺼이 수용할 것이다. 학생이 학습 내용을 즐기도록 동기화할 필요가 있다. 교육과정이 국가나 교사 편에서 일방적으로 부과되는 현 상황에서도 민주적 운영은 가능하다. 예를 들면, 교육부에서 요구하는 학습 단원들의 배울 순서를 교사와 학생이 함께 결정하는 것이며, 이러한 공동 참여는 학생으로 하여금 학습을 즐기도록 할 것이다. 교육과정과 관련된 계획과 결정 권한들이 교사들에게만 주어져서는 안 되며, 모든 학생들의 참여가 가능해야 한다. 학교행정 체계로부터 민주적 방식과 상충되는 요구에 직면하더라도 교사와 학생 간에 책임감 공유는 가능하다.

2) 민주적 지도력 대 독재적 지도력

세 유형의 리더(독재적, 민주적, 방임적) 훈련에 관한 레빈(Lewin, K.)의 실험 결과는 시사하는 바가 많다. 민주집단은 독재집단과 비교하여 기능 방식에 차이가 있다. 독재집단은 리더가 있을 때만 과제에 참여하는 반면, 민주집단은 리더의 부재 시에도 과제에 참여한다. 즉, 독재적 리더하에 있는 집단은 외적 통제하에서만 기능하는 반면, 민주적 리더하에 있는 집단은 내적 통제를 획득한 것이다. 리더의 역할 유형이 변할 때 커다란 변화가 나타나는데, 특히 독재적 억압이 중단될 때 방임이 출현한다. 아동이나 성인은 모두 독재 상황에서 민주 상황으로 변할 때 획득된 자유와 함께 무엇을 해야 할지를 모른다. 자유에는 책임감이 동반되며, 이는 우리 문화에서 중요한 의미를 지니고 있다.

〈표 10〉은 민주적 지도력과 독재적 지도력의 특성 차이를 잘 비교하고 보여 준다.

〈표 10〉 민주적 지도력 대 독재적 지도력

민주적 지도력	독재적 지도력
지도자	두목
부드러운 목소리	날카로운 목소리
초대하기	명령하기
영향 주기	권력 행사
자극	압력
협동을 얻어냄	협동을 요구함
내가 하고 싶은 것 말함	상대의 의무를 말함
아이디어 판매	아이디어 강요
이끌어 주기	지배하기
격려하기	비판하기
성취 인정	결점 찾기
도움주기	벌주기
토의하기	일방적으로 말하기
'너의 결정에 제안 및 도움'	'나는 결정, 너는 복종'
책임감 공유	혼자서 책임짐

3) 민주적 교실 운영의 기본원칙

민주적 교실 운영을 위한 원칙들은 다음과 같다.

- 질서는 모든 상황에서 필요하며, 질서나 기본적인 규칙 없이는 어느 집단도 민주적으로 운영될 수 없다.
- 한계가 필요하며, 학교 규칙이나 규정들이 올바르지 못하여 개정이 요구된다 할지라도 그것들이 존재하는 한 준수되지 않으면 안 된다.
- 학생은 질서 있는 집단 내에서 기능하는 데 필요한 모든 규칙을 수립하고 유지하는 데 참여해야 한다.
- 교사는 민주적 지도력을 행사하는 방식을 알아야 한다.
- 상호 신뢰 없이 학급은 민주적으로 기능할 수 없으며, 학생과 교사 간에 상호 신뢰를 구축하려는 노력이 요구된다.
- 교사는 학생들의 도움을 끌어내는 방식을 알아야 하며, 도움을 요구할 수는 없다.
- 교실에서 경쟁은 협동의 정신으로 대체되어야 한다.
- 따뜻하고 다정한 교실 분위기는 문제해결에 필수적이다.
- 교사는 공동의 목적을 위해 학급을 통합하는 데 필요한 기술들을 지녀야 한다.
- 학급 내의 관계 양상은 보통 첫 며칠 동안에 형성되므로 교사는 각 학생에게 소속감을 줄 수 있도록 최대한의 관심을 가져야 한다.
- 집단 토의는 민주적 상황에 필수적이다.

- 민주적 학교는 학교의 모든 구성원을 대표하는 학교 회의를 필요로 한다.
- 교사는 교수법뿐만 아니라 동기 유발의 원리를 배워야 한다.
- 교사는 개인적인 위신에 집착해서는 안 된다.
- 교사는 한계를 설정하고 학생에게 한계 내에서 자유를 허용해야 한다.
- 동등한 권리와 상호 존중이 없는 평등은 있을 수 없다.
- 학생은 실수를 통하여 실험하고 배울 수 있도록 격려되어야 한다.

4) 민주적 교실 운영의 제 측면

(1) 학급 내 좌석 배치

사회성 측정 방법 등을 통해 자신이 좋아하는 친구와 가까이 앉는 것은 학급 구성원들 사이에 수용력의 증대로 학급 분위기의 활성화를 가져온다. 부정적이었던 또래관계가 더 나은 방향으로 변화 가능하며, 교류가 없었던 다른 급우와의 관계 정립이 증가한다. 누구에게도 선택받지 못한 학생에게 선택할 기회를 주는 것은 바람직하다. 따라서 그러한 학생들에게는 그들이 선택한 친구와 앉게 해 주어야 한다. 왜냐하면 선택받지 못한 학생은 자신감이 부족하고 또래관계가 원만치 못하므로 구성원들로부터 칭찬받는 급우와 함께하게 함으로써 자부심을 향상시킬 수 있기 때문이다.

(2) 창의적 사고

전통적 학교 상황에서는 독특하고 창의적인 사고가 길러지기 어렵다. 이에 대해 글래서(Glasser)도 동일한 관점을 지니고 있다. 글래서는 다음과 같이 말했다. “우리 학교교육에는 생각이 없다. 다만 정답과 오답만을 가르치고 있다.” “암기는 교육이 아니요, 답은 지식이 아니다.” 창의적인 교사는 사고의 독특성을 격려하는 기회를 자주 사용한다. 정답만을 주장하는 교사는 따분한 교사다.

(3) 등급 매기기

학교에서 사용되는 평가체계로서 ‘등급 매기기(grading)’는 전형적인 상벌 체계를 의미하기 때문에 필요하지도 않고 효과적이지도 않다. 이러한 등급 때문에 오늘날 학생들은 지적 욕구가 아니라 점수 때문에 공부한다. “무엇을 배웠지?”가 아니라 “몇 점 받았지?”라는 질문을 받는다. 성적이 좋은 학생만이 등급에 반응한다. 현실적으로 성적이 좋은 학생은 등급체계가 없어도 자극이 가능하지만, 성적이 나쁜 학생은 등급의 결과가 무기력의 증거가 되어 움츠러들게 된다. 성적이 나쁜 학생의 낙담 효과를 줄이기 위해 교사가 할 수 있는 일은 나쁜 성적을 ‘판정’으로서 제시하지 않는 것이다. 교사는 각 학생이 받아야 할 등급뿐만 아니라 성적이 나쁜 학생을 돕는 일에 공동으로 대처해야 한다. 협동적 분위기 속에서 공부를 잘하는 학생은 명예를 가지는 것이 아니라 다른 학생을 도와줄 책임감을 지닌다. 이런 차원에서 또래튜터링(peer tutoring) 등이 활성화될 수 있을 것이다.

(4) 지도력 훈련

학교는 협동적 지도력을 길러 주어야 한다. 지도력이란 대중적인 지지를 받는 것 이상의 것이며, 집단의 갈등을 해결하고 반대되는 의견들을 화해시키는 능력이다. 학교는 학생을 책임 있는 성인으로 준비시켜야 하며, 이는 단순히 교과 지식을 가르치는 것 이상을 요구한다. 지도력 훈련은 집단 참여를 통해서 가능하다. 지도력 훈련은 민주 사회에서 필요한 가치 계발의 한 측면이며, 이런 측면에서 학교는 중요한 가치 형성 기관의 역할을 수행하고 있다.

자기성장을 위한 〈개인심리학 상담 연습 4〉: 자기지향성 알아보기

자기지향성 검사

다음에 있는 내용들은 당신이 지향하는 목표달성을 위해 필요한 사항들을 알아보기 위한 것입니다. 문항 내용을 파악한 후 자신에 대한 설명의 적절성에 따라 〈보기〉에 근거하여 각 문항의 오른 쪽에 있는 숫자에 √표 하세요.

〈보기〉

1	2	3	4	5
전혀 그렇지 않다		그저 그렇다		매우 그렇다

문항	척도
1. 나는 가치 있는 사람이다.	1 2 3 4 5
2. 나의 일처리 능력에 만족하지 못한다.	1 2 3 4 5
3. 평소에 현실과 동떨어진 생각을 한다.	1 2 3 4 5
4. 나의 정서 상태를 잘 이해하고 있으며, 이를 적절하게 표현한다.	1 2 3 4 5
5. 새로운 문제 상황에서 적절하게 대처하지 못한다.	1 2 3 4 5
6. 주위 사람들로부터 유머감이 풍부하다는 말을 자주 듣는다.	1 2 3 4 5
7. 건강과 관련하여 음식 조절 능력이 부족하다.	1 2 3 4 5
8. 건강과 관련하여 신체적 활동에 관심이 없다.	1 2 3 4 5
9. 나는 나 자신을 돌보는 데 소홀하다.	1 2 3 4 5
10. 스트레스에 효과적으로 대처하고 있다.	1 2 3 4 5
11. 남성 혹은 여성으로서 나의 역할에 만족하고 있다.	1 2 3 4 5
12. 나에게 영향을 끼친 문화를 긍정적으로 생각한다.	1 2 3 4 5
13. 내 자신이 불만족스럽다.	1 2 3 4 5
14. 내가 종사하고 있는 영역에서 성공할 수 있는 충분한 능력을 가지고 있다.	1 2 3 4 5
15. 나는 합리적이고 현실적으로 느끼며 행동한다.	1 2 3 4 5
16. 나는 정서 상태에 대한 이해나 표현이 부족하다.	1 2 3 4 5
17. 나는 평소에 창의적으로 생각하며 문제를 해결한다.	1 2 3 4 5
18. 유머감각이 풍부한 사람을 보면 부러움을 느낀다.	1 2 3 4 5
19. 나는 영양 섭취에 관심이 많다.	1 2 3 4 5
20. 나는 규칙적으로 운동을 한다.	1 2 3 4 5
21. 철저한 안전 습관, 건강 검진 등을 통하여 나 스스로를 보살핀다.	1 2 3 4 5
22. 내가 겪는 스트레스를 잘 처리하지 못한다.	1 2 3 4 5
23. 나는 남성(여성)으로서 나의 역할에 불만이 많다.	1 2 3 4 5
24. 내가 소속한 집단의 문화에 이질감을 느낀다.	1 2 3 4 5
25. 나는 중요한 사람이라고 생각한다.	1 2 3 4 5

26. 나의 감정이나 행동을 조절할 수 있다.	1 2 3 4 5
27. 나는 비합리적인 사고나 행동 때문에 자주 비난을 받는다.	1 2 3 4 5
28. 나의 분노 감정을 조절할 수 있다.	1 2 3 4 5
29. 다른 사람들로부터 창의적이라는 말을 듣는다.	1 2 3 4 5
30. 나는 주위 사람들을 잘 웃기는 편이다.	1 2 3 4 5
31. 영양소나 칼로리 등을 고려하여 음식물을 선택한다.	1 2 3 4 5
32. 신체 건강을 위해 운동에 관심을 갖고 실천한다.	1 2 3 4 5
33. 평소에 안전 수칙을 지켜서 생활한다.	1 2 3 4 5
34. 나름대로 적절한 스트레스 해소책을 가지고 있다.	1 2 3 4 5
35. 나의 성(남성 혹은 여성)에 만족한다.	1 2 3 4 5
36. 내가 속한 문화를 자랑스럽게 여긴다.	1 2 3 4 5
37. 나는 사회적으로 유용한 사람이라고 믿는다.	1 2 3 4 5
38. 내가 원하는 대로 행동하기가 힘들다.	1 2 3 4 5
39. 주위 사람들로부터 비현실적이라는 말을 듣는다.	1 2 3 4 5
40. 나는 심리적 불안으로 고통을 받는다.	1 2 3 4 5
41. 당면한 문제를 슬기롭게 해결한다.	1 2 3 4 5
42. 친구들로부터 유머가 있다는 말을 듣는다.	1 2 3 4 5
43. 식생활 습관이 불규칙하다.	1 2 3 4 5
44. 몸의 균형유지를 위해 적절한 운동을 한다.	1 2 3 4 5
45. 원하는 목표를 위해 스스로를 관리한다.	1 2 3 4 5
46. 스트레스 때문에 힘들다고 느낀다.	1 2 3 4 5
47. 다시 태어난다면 다른 성(남성 혹은 여성)이 되고 싶다.	1 2 3 4 5
48. 내가 속한 문화는 독특하며 장점이 있다.	1 2 3 4 5

• 채점 방법

각 문항의 점수를 합산한다. 단, 2, 3, 5, 7, 8, 9, 13, 16, 18, 22, 23, 24, 27, 38, 39, 40, 43, 46, 47번은 역산 문항이다.

–가치감: 1, 13, 25, 37
–통제감: 2, 14, 26, 38
–현실적 신념: 3, 15, 27, 39
–정서적 자각 및 대처: 4, 16, 28, 40
–문제 해결 및 창의성: 5, 17, 29, 41
–유머감: 6, 18, 30, 42
–영양: 7, 19, 31, 43
–운동: 8, 20, 32, 44
–자기 보살핌: 9, 21, 33, 45
–스트레스 관리: 10, 22, 34, 46
–성정체감: 11, 23, 35, 47
–문화정체감: 12, 24, 36,48

• 해석

자기지향성의 12가지 영역 중에서 가장 높은 점수부터 3~4개의 영역은 자기지향을 위해 잘하고 있는 영역들이다. 반대로 가장 낮게 나온 점수부터 3~4개는 잘못하고 있는 영역들이다. 점수가 낮은 영역이 무엇인지 확인하여 그러한 측면을 보완하도록 노력한다. 특히 12점 이하로 나온 영역에 대해서는 관심을 가지고 보완하도록 한다.

|참고문헌|

강진령(2009). 상담과 심리치료. 서울: 양서원.

공윤정, 손진희, 강혜영, 김지현, 유정이, 임은미, 손은령(2010). 진로상담이론. 서울: 학지사.

김광운, 오명자, 김미례 공역(2009). 격려 리더십. Don Dinkmeyer, Daniel Eckstein 공저. 서울: 학지사.

김미란(2006). 아들러의 개인심리학에 근거한 격려집단상담 프로그램 개발 및 효과분석. 목포대학교 대학원 박사학위논문.

김춘기 · 강봉규(2001). 현대상담이론과 실제. 서울: 교육과학사.

김필진(2007). 아들러의 사회적 관심과 상담. 김봉환, 이제경, 유현실, 황매향 공저. 서울: 학지사.

노안영(2002). 101가지 주제로 알아보는 상담심리. 서울: 학지사.

노안영(2005). 상담심리학의 이론과 실제. 서울: 학지사.

노안영, 강만철, 오익수, 김광운, 송현종 공역(2001). 애들러 상담이론: 기본개념 및 시사점. Lundin, R. W. 저(1989). 서울: 학지사.

노안영, 강만철, 오익수, 김광운, 송현종, 강영신, 오명자 공역(2005). 아들러 상담이론과 실제. Sweeney, T. J. 저(1998). 서울: 학지사.

노안영, 강영신(2003). 성격심리학. 서울: 학지사.

노안영, 정민(2007). 자기격려-낙담척도 개발 및 타당화. 한국심리학회지: 상담 및 심리치료, 19(3), 675-692.

윤순임 외 15인(1995). 현대상담 심리치료의 이론과 실제. 서울: 중앙적성출판사.

정민, 노안영(2008). 축약형 생활양식검사의 타당화. 한국심리학회지: 건강, 13(3). 801-813.

정민, 노안영(2010). 열등감 반응 척도의 개발 및 타당화. 한국심리학회지: 상담 및 심리치료, 22(2), 351-367.

정은균(2008). 아들러 이론에 근거한 진로상담 프로그램의 개발 및 효과.

전남대학교 대학원 박사학위논문.

최수연(2008). 사회성 측정법을 통한 자리배치가 학교생활태도와 교우관계 변화에 미치는 영향. 광주교육대학교 대학원 석사학위논문.

홍경자 역(2003). 현대의 적극적 부모역할훈련-부모용 지침서. Michael H. Popkin 저(1995). 서울: 중앙적성출판부.

Adler, A. (1917). *Study of organ inferiority and its psychical compensation* (S. E. Jelliffe, Trans.). New York: Nervous and Mental Diseases Co. (Original work published 1907)

Adler, A. (1927). *Understanding human nature*. New York: Greenberg.

Adler, A. (1964). *Superiority and social interest: A collection of later writings* (H. L. Ansbacher & R. R. Anabacher, Eds.). New York: Norton.

Adler, A. (1969). *The science of living*. New York: Doubleday & Company.

Angyl, A. (1941). *Foundations for a science of personality*. New York: Commonwealth Fund.

Ansbacher, H. L., & Ansbacher, R. R. (Eds.). (1979). *Superiority and social interest*. New York: W. W. Norton & Company.

Ansbacher, H. L., & Ansbacher, R. R. (Eds.). (1964). *The individual psychology of Alfred Adler*. New York: Harper & Row/Torchbooks. (Original work published in 1956)

Azoulay, D. (1999). Encouragement and logical consequences verses rewards and punishment: A reexamination. *The Journal of Individual Psychology, Vol. 55*, No. 1, 91-99.

Bahlmann, R., & Dinter, L. (2001). Encouraging self-encouragement: An effect study of the encouraging-training Schoenaker-concept. *The Journal of Individual Psychology, Vol. 57*, No. 3, 273-288.

Carlson, J., & Kjos, D. (2002). *Theories and strategies of family therapy*. Boston, MA: Allyn & Bacon.

Carlson, J., Watts, R. E., & Maniacci, M. (2006). *Adlerian therapy: Theory and practice*. Washington, DC: APA.

Cheston, S. E. (2000). Spirituality of encouragement. *The Journal of Individual Psychology, Vol. 56*, No. 3, 296-304.

Corey, G. (2005). *Theory and practice of counseling and psychotherapy* (7th ed.). Belmont, CA: Brooks/Cole.

Corey, G. (2009). *Theory and practice of counseling and psychotherapy* (8th ed.). Belmont, CA: Brooks/Cole.

Christensen, O. C. (Ed.). (1993). *Adlerian family counseling: A manual for counselors, educators, and psychotherapist* (Rev. ed.). Minneapolis, MN: Educational Media.

Dagley, J. C., Campbell, L. F., Kulic, K. R., & Dagley, P. L. (1999). Identification of subscales and analysis of reliability of an encouragement scale for children. *The Journal of Individual Psychology, Vol. 55,* No. 3, 355-364.

Day, S. X. (2004). *Theory and design in counseling and psychotherapy.* New York: Houghton Mifflin Company.

Dinkmeyer, D. (1972). Use of the encouragement process in Adlerian counseling. *Personnel and Guidance Journal, 51*(3), 177-181.

Dinkmeyer, D. Jr., & Sperry, L. (2002). *Counseling and psychotherapy: An integrated Individual Psychology approach* (3rd ed.). Upper Saddle River, NJ: Merrill/Prentice-Hall.

Dinkmeyer, D., & Dreikurs, R. (1963). *Encouraging children to learn.* Englewood Cliffs, NJ: Prentice-Hall.

Dinkmeyer, D., & Eckstein, D. (1996). *Leadership by encouragement.* New York: St. Lucie Press.

Dinkmeyer, D., & Losoncy, L. (1980). *The encouragement book: Becoming a positive person.* Englewood Cliffs, NJ: Prentice-Hall.

Dinkmeyer, D., & Losoncy, L. (1996). *The Skills of Encouragement: Bringing Out the Best in Yourself and Others.* New York: St. Lucie Press.

Dinkmeyer, D., & McKay, G. (1996). *Raising a responsible child: How to prepare your child for today's complex world.* New York: Simon & Schuster.

Dinkmeyer, D., & Sperry, L. (2000). *Counseling and psychotherapy: An integrated Individual Psychology approach* (3rd ed.). Upper Saddle

River, NJ: Merrill/Prentice-hall.

Dreikurs, R. (1964). *Children: the challenge.* New York: Hawthorn Books.

Dreikurs, R. (1967). *Psychodynamics, psychotherapy, and counseling. Collected papers.* Chicago: Alfred Adler Institute.

Dreikurs, R. (1968). *Psychology in the classroom.* New York: Harper & Row.

Dreikurs, R. (1971). *Social equality: The challenge of today.* Chicago, IL: Adler School of Professional Psychology.

Dreikurs, R., & Grey, L. (1968). *Logical consequences.* New York: Meredith.

Dreikurs, R., & Soltz, V. (1964). *Children: The challenge.* New York: Hawthorn Books.

Dreikurs, R., Grunwald, B. B., & Pepper, F. C. (1998). *Maintaining sanity in the classroom: Classroom management techniques* (2nd ed.). Philadelphia, PA: Taylor & Francis.

Ellis, A. (1962). *Reason and emotion in psychotherapy.* Seacaucus, NJ: Lyle Stuart.

Feist, J., & Feist, G. J. (2006). *Theories of personality* (6th ed.). New York: McGraw Hill.

Glasser, W. (1965). *Reality therapy.* New York: Harper & Row.

Glasser, W. (1969). *Schools without Failure.* New York: Harper and Row.

Gottfredson, G. D., Holland, J. L., & Ogawa, D. K. (1982). *Dictionary of Holland occupational codes.* Palo Alto, CA: Consulting Psychologists Press.

Grey, L. (1998). *Alfred Adler, the forgotten prophet: A vision for the 21st century.* Westport, CT: Praeger Publishers.

Grunwald, B. B., & McAbee, H. V. (1985). *Guiding the family.* Muncie, IN: Accelerated Development Inc.

Grunwald, B. B., & McAbee, H. V .(1999). *Guiding the family: Practical counseling techniques.* Philadelphia, PA: Accelerated Development.

Kottman, T. (1995). *Partners in play: An Adlerian approach to play therapy.* Alexandria, VA: American Counseling Association.

Kottman, T. (2001). *Play therapy: basics and beyond.* Alexandria, VA: American

Counseling Association.

Kottman, T. (2003). *Partners in play: An Adlerian approach to play therapy* (2nd ed.). Alexandria, VA: American Counseling Association.

Losoncy, L. (2001). Encouragement therapy. In R. J. Corsini (Ed.), *Handbook of innovative therapy* (2nd ed.). New York: John Wiley & Sons, Inc.

Lundin, R. W. (1989). *Alfred Adler's basic concepts and implications.* Muncie, IN: Accelerated Development Inc.

Manaster, G. J., & Corsini, R. J. (1982). *Individual Psychology: Theory and practice.* Itasca, IL: F. E. Peacock.

Manaster, G. J., & Corsini, R. J. (1999). *Individual psychology: theory and practice.* U.S.A.: Adler School of Professional Psychology.

May, R. (1975). *The courage to create.* New York: W. W. Norton & Company.

McKay, G. D. (1992). *The basics of encouragement.* Coral Springs, FL: CMTI Press.

Mosak, H. H., & Dreikurs, R. (1967). The life tasks Ⅲ, the fifth life task. *Individual Psychologist, 5,* 16-22.

Mosak, H. H., & Maniacci, M. P. (1998). *Tactics in counseling and psychotherapy.* Itasca, IL: F. E. Peacock.

Mosak, H. H., & Maniacci, M. P. (1999). *A primer of Adlerian psychology: The analytic-behavioral psychology of Alfred Adler.* Ann Arbor, MI: Braun-Brumfield.

Noda, S. J. (2000). Spirituality of Encouragement. *Journal of Individual Psychology,* 56-3.

Rogers, C. (1961). *On becoming a person.* Boston: Houghton Mifflin.

Rule, W. R., & Bishop, M. (2006). *Adlerian lifestyle counseling: Practice and research.* New York: Routledge.

Savickas, M. L. (1989). Career counseling. In T. Sweeney (Ed.), *Adlerian counseling: A Practical approach for a new decade* (3rd ed., pp. 289-320). Muncie, IN: Accelerated Development.

Seligman, L. (2006). *Theories of counseling and psychotherapy: Systems, strategies, and skills* (2nd ed.). Upper Saddle River, NJ: Pearson Education.

Sherman, R., & Dinkmeyer, D. (1987). *Systems of family therapy: An Adlerian integration.* New York: Brunner/Mazel.

Songstegard, M. A., & Bitter, J. R. (2004). *Adlerian Group Counseling and Therapy: Step-by-Step.* New York: Brunner-Routledge.

Sweeney, T. J. (1989). *Adlerian counseling: A practical approach for a new decade* (3rd ed.). Bristol, PA: Accelerated Development.

Sweeney, T. J. (1998). *Adlerian Counseling: A practitioner's approach* (4th ed.). Philadelphia, PA: Accelerated Development.

Taylor, J. F. (1979). "Encouragement vs. Praise." Unpublished manuscript presented at a workshop in Portland, Oreg.

Tillich, P. (1952). *The courage to be.* New Haven: Yale University Press.

Touchton, J. B., & Magoon, T. M. (1977). Occupational daydreams as predictors of vocational plans for college women. *Journal of Vocational Behavior, 10*, 156-166.

Watts, R. E. (2000). Entering the new millenium: Is Individual Psychology/Adlerian therapy still relevant? *Journal of Individual Psychology, 56*, 21-30.

Watts, R. E., & Pietrzak, D. (2000). Adlerian "encouragement" and the therapeutic process of solution-focused brief therapy. *Journal of Counseling and Development, 78*(4), 442-447.

Watts, R. E., & Shulman, B. H. (2003). Integrating Adlerian and constructive therapies: An Adlerian perspective. In R. E. Watts (Ed.), *Adlerian, cognitive, and constructivist therapies: An integrative dialogue* (pp. 9-37). New York: Springer.

Watzawick, P., Weakland, J., & Fish, R. (1974). *Change: Principles of problem formation and problem resolution.* New York: W. W. Norton & Company.

Yang, J., Milliren, A., & Blagen, M. (2010). *The psychology of courage: An Adlerian handbook for healthy social living.* New York: Routledge.

Zastrow, C. (1979). *Self-talk therapy.* Englewood Cliffs, NJ: Prentice-Hall.

|찾아보기|

인명

내용

저자 소개

노안영

미국 University of Kentucky 철학 박사(상담심리학 전공)
(전) 전남대학교 카운슬링센터 소장
광주전남상담학회장
(현) 한국아들러연구회 회장
전남대학교 사회과학대학 심리학과 교수

〈저서 및 역서〉
학교상담(학지사, 2000)
애들러 상담이론(공역, 학지사, 2001)
101가지 주제로 알아보는 상담심리(학지사, 2002)
성격심리학(공저, 학지사, 2003)
상담심리학의 이론과 실제(학지사, 2005)
아들러 상담이론과 실제(공역, 학지사, 2005)
상담의 원리와 기술(공저, 학지사, 2006)
Becoming A Wise Counselor(학지사, 2011)

강만철

고려대학교 대학원 교육학 박사(교육심리 전공)
대학상담 수련감독급 전문상담사(한국상담학회)
(전) 목포대학교 학생생활연구소 소장
(현) 목포대학교 교육학과 교수

〈저서 및 역서〉
교수-학습의 이론적 탐색(원미사, 2001)
애들러 상담이론(공역, 학지사, 2001)
교육 및 상담심리학(교육과학사, 2004)
아들러 상담이론과 실제(공역, 학지사, 2005)
인지심리와 학교학습(교육과학사, 2005)

오익수

전남대학교 대학원 교육학 박사(상담심리 전공)
아동청소년상담 수련감독 전문상담사(한국상담학회)
(전) 한국청소년상담원 상담교수
광주교육대학교 학생생활연구소 소장
광주전남상담학회장
(현) 한국상담학회 부회장
한국아들러상담연구회 부회장
광주교육대학교 교육학과 교수

〈저서 및 역서〉
청소년상담 관련 법과 행정(한국청소년상담원, 2000)
애들러 상담이론(공역, 학지사, 2001)
청소년상담자 교육론(한국청소년상담원, 2001)
청소년비행상담(한국청소년상담원, 2002)
교육 및 상담심리학(교육과학사, 2004)
아들러 상담의 이론과 실제(공역, 학지사, 2005)
인지심리와 학교학습(교육과학사, 2005)
한국형 초등학교 생활지도와 상담(공저, 학지사, 2006)

김광운

전남대학교 대학원 교육학 박사(상담심리 전공)
한국심리극 · 연극치료학회 수련감독 심리극 전문가
아동청소년상담 수련감독급 전문상담사(한국상담학회)
(전) 광주보건대학 종합인력센터 소장
(현) 광주보건대학 사회복지학과 교수

〈저서 및 역서〉
아들러 상담이론(공역, 학지사, 2001)
스트레스를 넘어 건강한 삶 가꾸기(공저, 학지사, 2003)
심리극의 세계(공역, 학지사, 2005)
아들러 상담이론과 실제(공역, 학지사, 2005)
심리극과 경험치료를 활용한 집단상담(공역, 학지사, 2007)
심리극으로의 초대(학지사, 2007)
격려 리더십(공역, 학지사, 2009)

정민

전남대학교 대학원 심리학 박사(상담심리 전공)
미국 Northeastern University 상담심리학 박사후 과정 수료
한국상담심리학회 상담심리사 1급
한국상담학회 초월영성상담 1급 전문상담사
청소년상담사 1급, 가족상담사
한국산업인력공단 임상심리사 2급
(현) 무지개심리상담센터 센터장
　　전남대학교 시간강사

상담학 Best Practice 시리즈−상담기법 영역 5
개인심리학 상담 원리와 적용

2011년 6월 10일 1판 1쇄 발행
2016년 10월 20일 1판 2쇄 발행

지은이 • 노안영 · 강만철 · 오익수 · 김광운 · 정민
펴낸이 • 김 진 환
펴낸곳 • (주) 학지사
04031 서울특별시 마포구 양화로 15길 20 마인드월드빌딩 5층
대표전화 • 02) 330-5114 팩스 • 02) 324-2345
등록번호 • 제313-2006-000265호

홈페이지 • http://www.hakjisa.co.kr
페이스북 • https://www.facebook.com/hakjisabook

ISBN 978-89-6330-691-9 93180

정가 12,000원